5분 인체 이야기

written by

Gabby Dawnay

illustrated by

Mimi Purnell

별난고래

이 책에는 5분 동안 소리 내어 읽을 수 있는 인체 이야기가 담겨 있습니다.

우리 모두는 경이로운 생명을 가지고 있으며, 여러분의 발견을 기다리고 있습니다!

각 이야기의 마지막에는 유익한 정보를 제공해요.

'어른과 함께하는 모든 정보' 페이지를 살펴보세요.

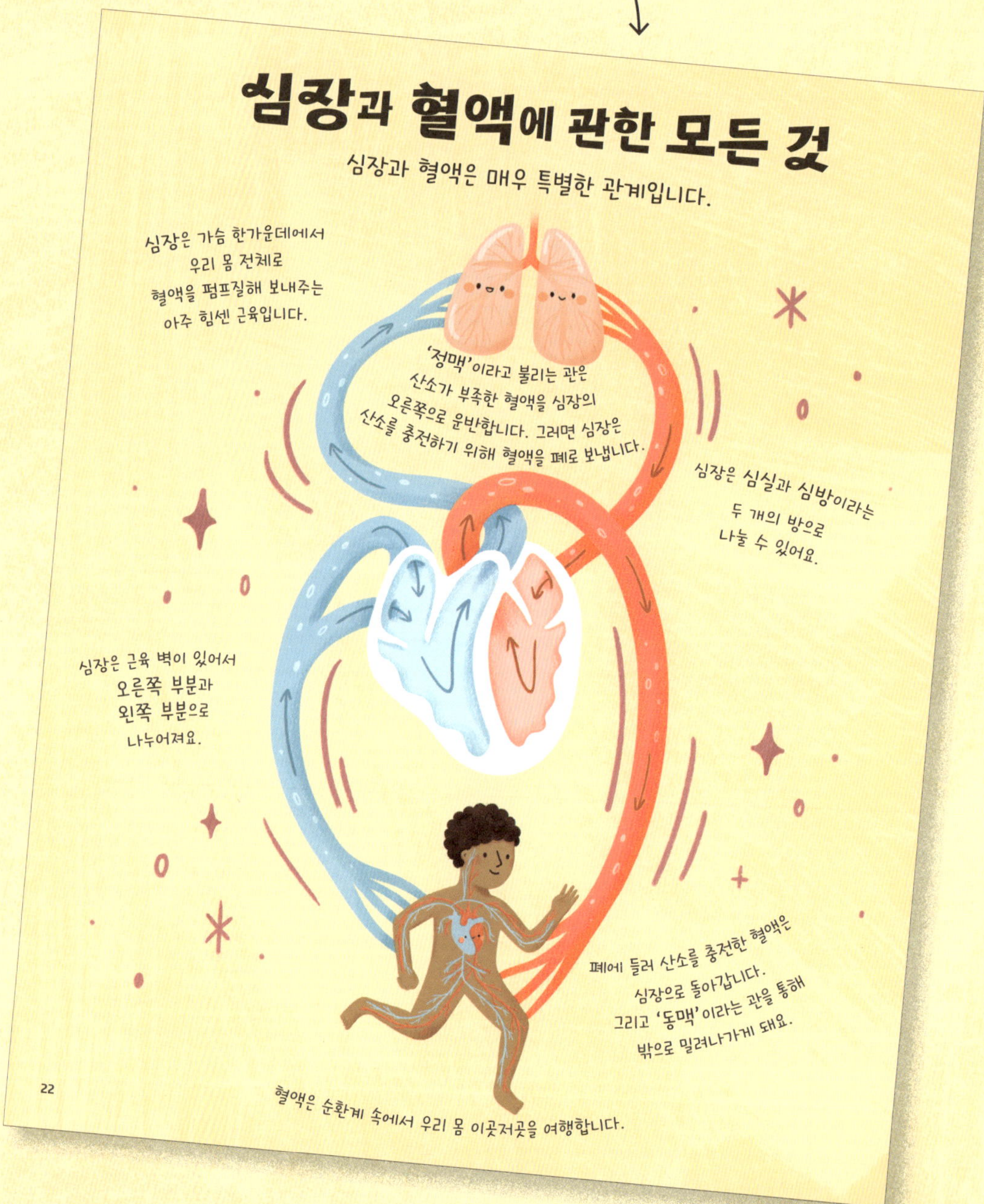

오늘은 어떤 5분 인체 이야기를 읽어보시겠어요?

여러분은 작은 존재로 시작해서, 점점 성장했습니다.
지금의 여러분을 보세요!

부드럽게 늘어나는 여러분의 근육은
빠르게 움직일 수 있도록 돕습니다!

여러분의 머리끝에서 발끝까지
잘 짜여진 퍼즐처럼 조각된 뼈들이 있어요.

고무처럼 늘어나는 가장 얇은 장기는
바로 피부입니다!

근육으로 이루어진 여러분의 심장은
리듬에 맞춰 뛸 것입니다.

작은 주머니로 만들어진 두 개의 폐는
숨을 들이쉬고 내쉴 때마다 부풀어 오르고 이완됩니다...

한 입 가득 먹은 음식들은 모두
소화 과정을 거치게 됩니다.

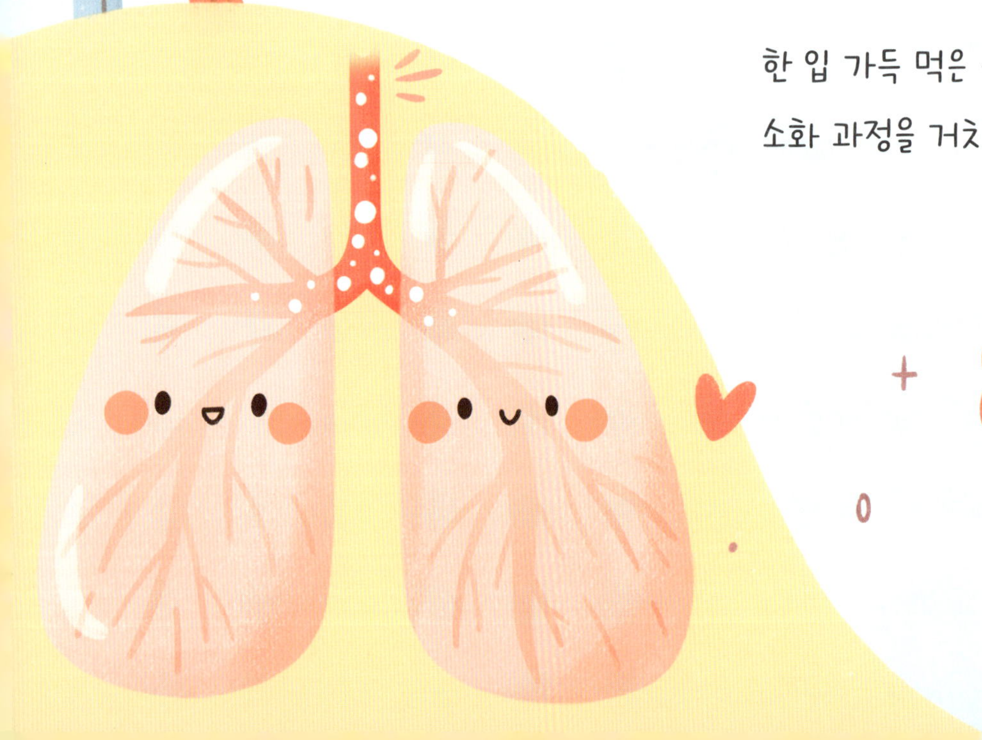

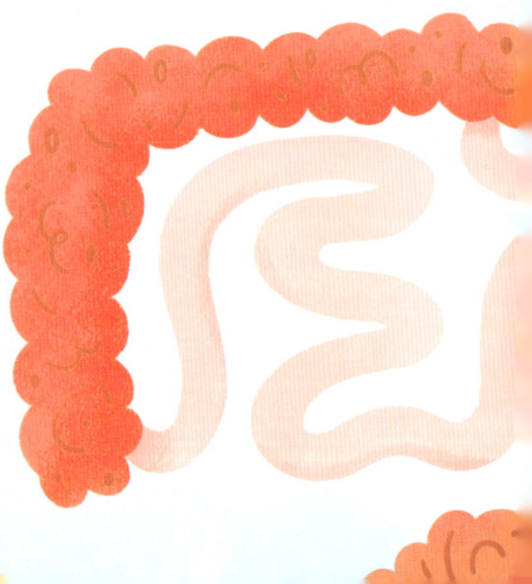

그렇다면 여러분에게 없어서는 안될 인체 전문가는 누구일까요?

바로 여러분의 두뇌입니다!

여러분의 감각은 매 순간 삶의 경이로움을 함께 느끼고 있습니다!

우리의 소중한 몸이 어떻게 성장하는지 읽어보세요.

머리에서 발끝까지 –
단 5분 동안!

나는 어디서부터 왔을까요?

보이지 않을 정도로 작은

2억 정자들의 돌진-

어떤 정자는 로켓처럼 과속하고

또 어떤 정자는 섬광처럼 충돌합니다…

일부는 꼬리를 쫓습니다.

빙글빙글 돌기도 해요!

조심하세요,

승자는 단 한 명뿐이니까요!

점점 더 빠르게, 그들은 어디로 가야 하는지 정확하게 알고 있습니다.

(일부는 길을 잃기도 하고 너무 느릴 수 있지만…)

터널을 통과하며, 그들은 목표를 향해 헤엄칩니다.

쉼표를 닮은 이 정자들로 이루어진 무리는 단 한 개의 목표를 향해 나아갑니다…

이제 모퉁이를 돌아
그들은 멋진 난자 세포를
탐험하기 시작합니다.
그들의 임무는 골인이에요.

난자 세포를 둘러싸고 그들은 쿡쿡 찌르고 눌러보아요.

정자 하나가 닿는 순간

그는 해냈어요. 이 경주의 승자입니다!

가장 강하고 빠른 정자가 이 경주에서 이겼어요.

그는 챔피언 정자예요.

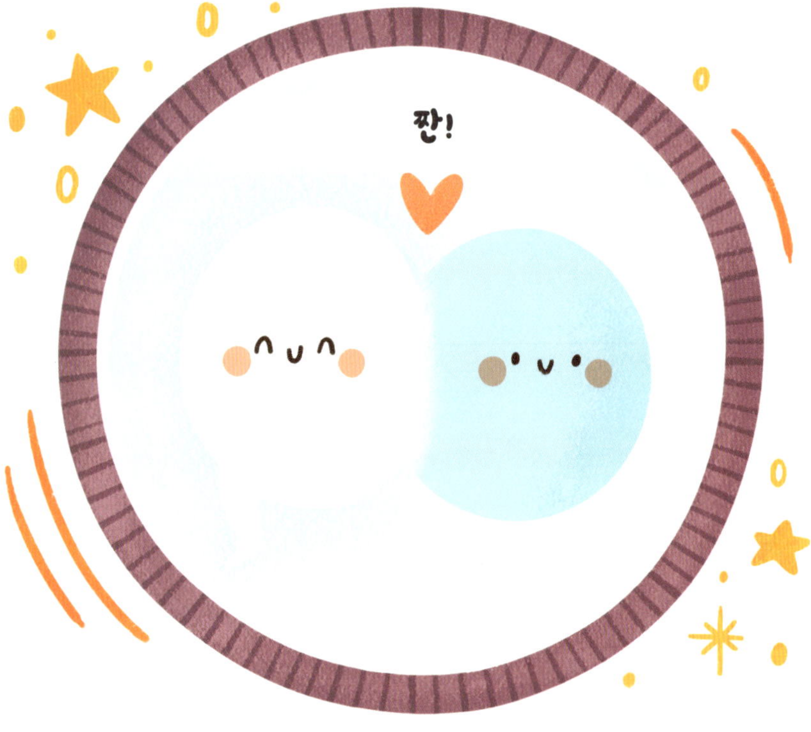

정자와 난자가 결합하여 새로운 DNA(유전자)를 만듭니다. 마침내 코드가 생성되었어요.

눈 깜짝할 사이에
두 개의 세포가 합쳐져
여러분이 되는
기적의 순간이에요…

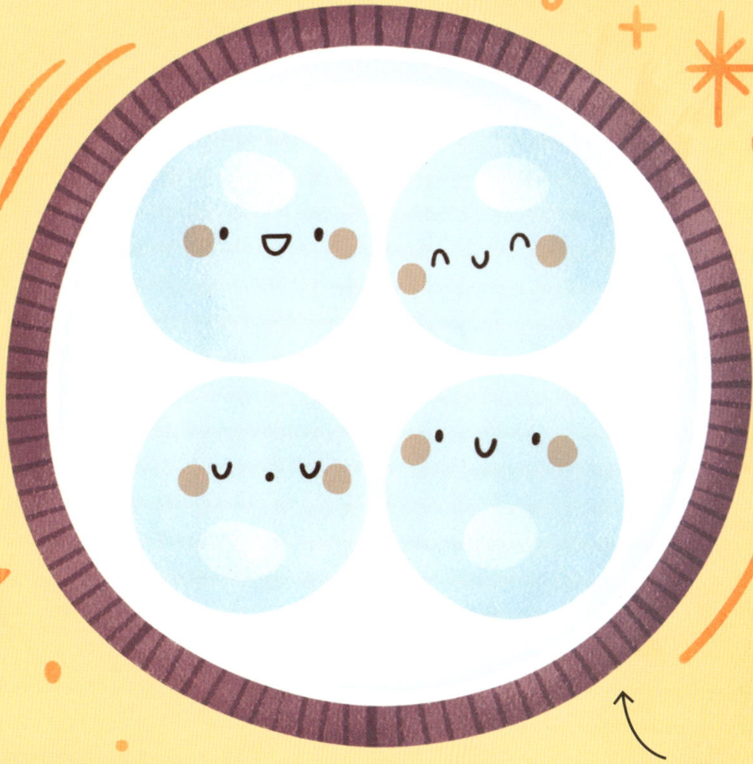

수정란

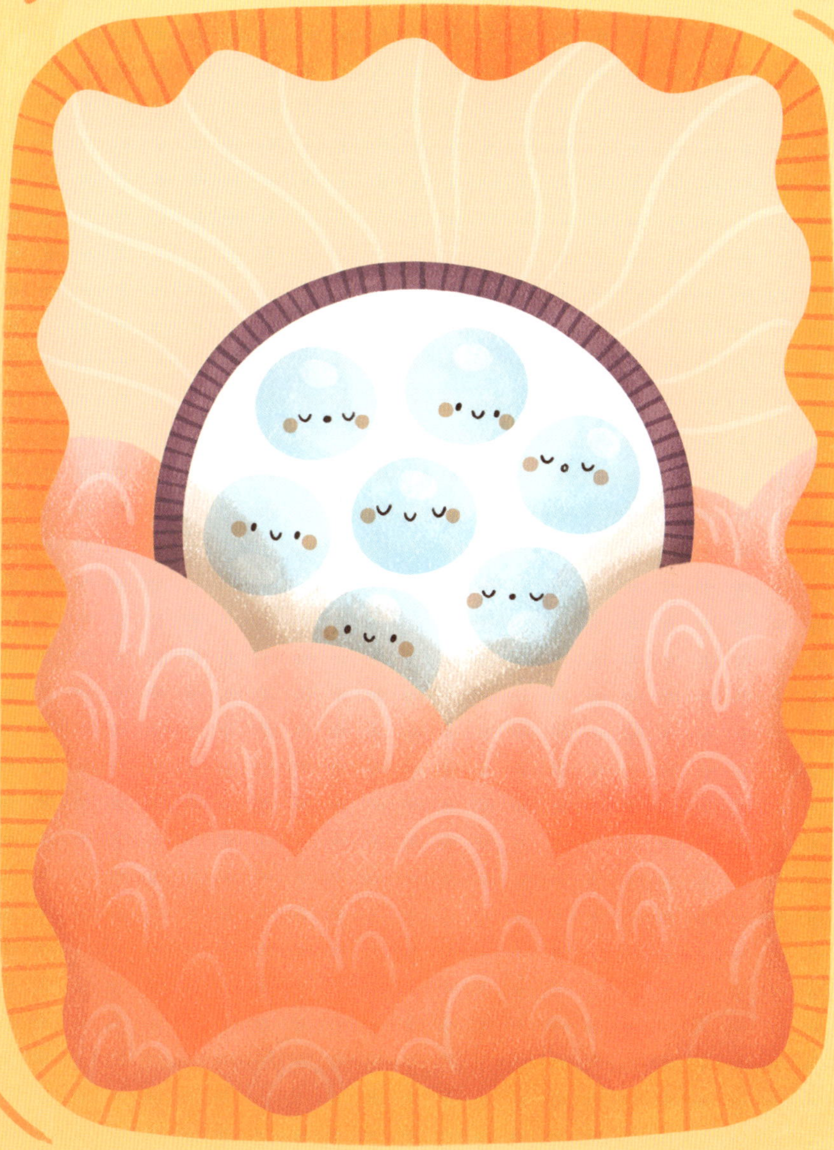

수정란은
아기가 자라기에
가장 좋은 장소로
이동합니다…

따뜻하고 아늑한 방에서
아기새처럼 포근함을 느껴요.
자궁에 자리잡은
세포 무리를 보세요…

다음으로 성장할 부분은
빈틈없는 공간과
태아에게 젖을 먹일
태반입니다!

배아는
8주째에 태아로
발달합니다.

두 달이 지나면
두 팔과 두 다리가
아주 작은 새싹처럼
생기기 시작합니다…

12주가 되면
심장은 완전하게
움직입니다.

아직 콩알만 한 크기의
태아지만
이미 작은 심장에서
박동이 시작되었습니다!

심장과 뇌는
16주까지 잘 형성됩니다.

그런 다음 태아는
양수로 가득 찬
주머니에서 헤엄치며
뇌와 척추를 발달시킵니다…

이제 아기는 두 눈과 코,

작은 손톱이 있는 손가락과 발가락이 생겼어요.

5개월 후에 아기는 수영장 안에서 넘어지고 돌면서

엄지손가락을 빨고 놀아요.

이제 근육이 강해져서
아기는 작은 손으로
주먹을 쥘 수 있게 됩니다.

발차기도 하고 눈도 깜빡이면서
혀를 길게 내밀어도 봅니다.
그리고 마지막으로 마무리할 부분은?
바로 강력한 폐!

아기는 이제
준비를 마쳤어요.
이 공간은 춤추고 뛰놀 공간이
없을 정도로 작아요.

움직일 수 없는 공간에서
어떻게 해야 할까요?
'이제 나갈 시간이야!' 라고
아기는 생각해요.

"아가야, 아가야
시간이 참 빠르구나...
마침내 9개월이 지나서
너를 만날 준비가 되었구나!"

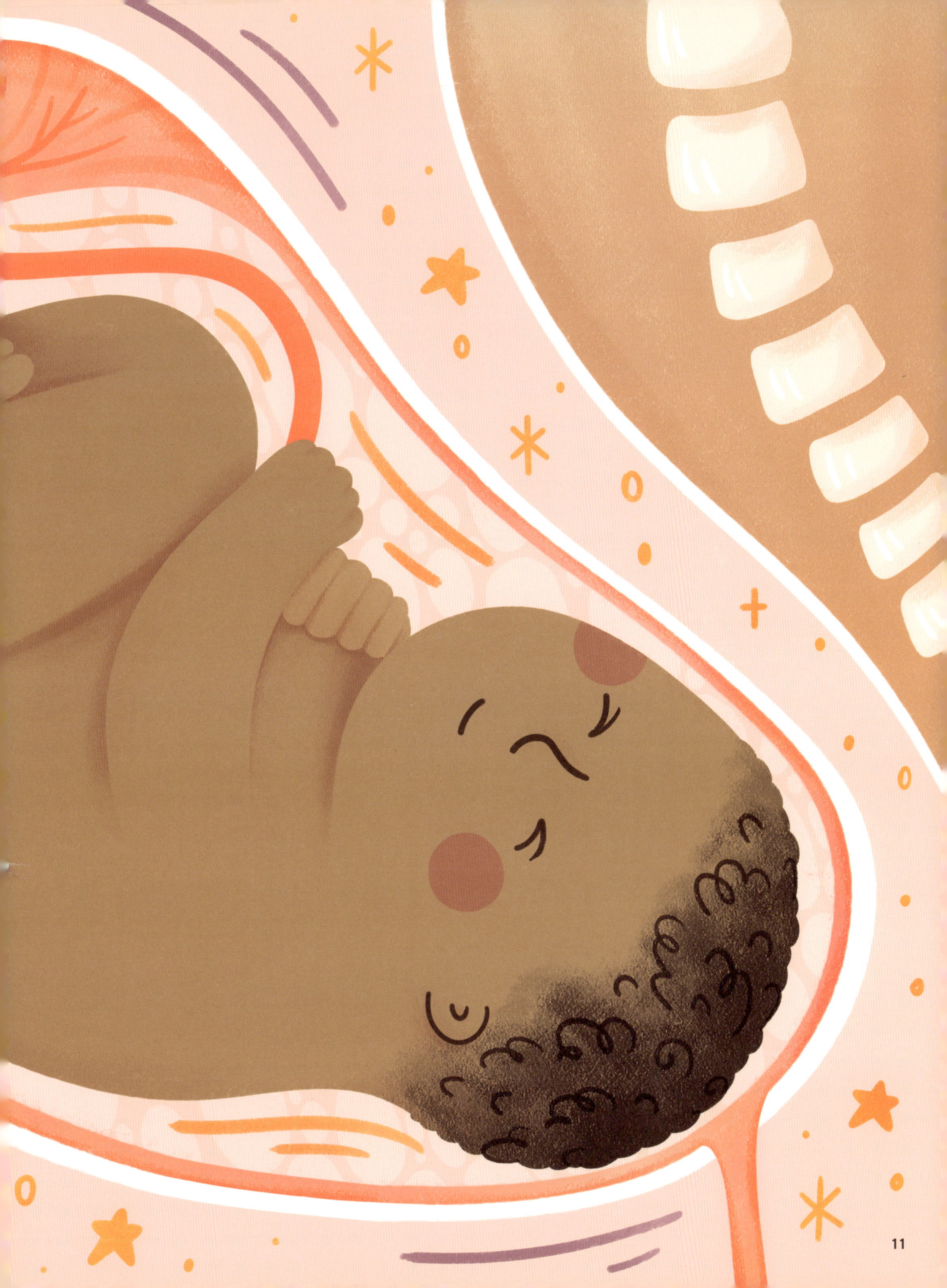

탄생의 시작에 관한 모든 것

이 모든 것은 경주로 시작됩니다…

남자의 정자는 임무를 수행하고 있습니다. 그들의 유일한 목표는 여자의 난자에 도달하는 것입니다.

일부 정자는 좁은 나팔관을 헤엄치는 동안 길을 잃거나 충돌하거나 엉뚱한 방향으로 헤엄칩니다.

최초로 돌파한 정자는 난자를 수정할 것입니다! 지금이 바로 수정하는 그 순간입니다.

이 단계에서 수정된 난자는 '접합체'라고 불립니다. 그 접합체는 따뜻하고 아늑한 자궁으로 가기 위해 이동할 준비가 될 때까지 계속해서 더 많은 세포로 분열합니다.

그곳에서 세포가 성장하고, 배아로부터 세포가 뭉쳐서 자랍니다.

9주가 지나면 배아는 태아가 됩니다.

40주의 태아가 드디어 아기가 되었답니다!

아기가 태어났지만 그것은 시작에 불과합니다.
우리의 여정은 여러분의 심장 박동과 함께 시작됩니다...

여러분을 위해 뛰는 심장과 혈액

여러분이 터벅터벅 길을 걷거나,
일상을 보내는 어떤 순간이든
심장은 두근거리는 박동을
유지해 주는 근육입니다.

여러분이 무엇을 하든,
어디를 가든,
심장은 몸 속의 피가 잘 흐를 수 있도록
열심히 뛰고 있어요.

갈비뼈 바로 아래에 있는 여러분의 가슴 속에는

열심히 일하는 심장을 위한 멋진 공간이 있답니다.

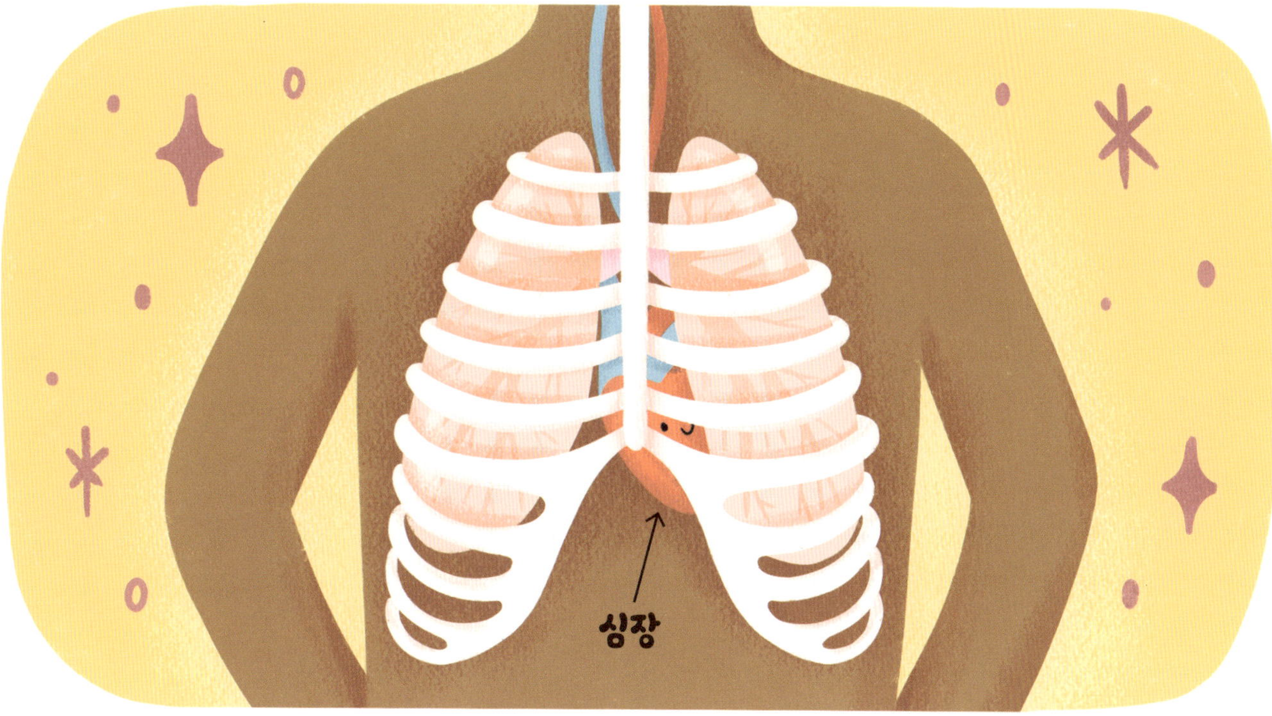

심장의 펌프는

여러분이 건강하게 살 수 있도록

부지런히 움직이며

온몸 구석구석에 혈액을 보냅니다.

혈액 속에 산소가 적을수록
더 많은 공기가 필요하기 때문에
심장과 혈액은
평생 쉬지 않고 일해야 해요!

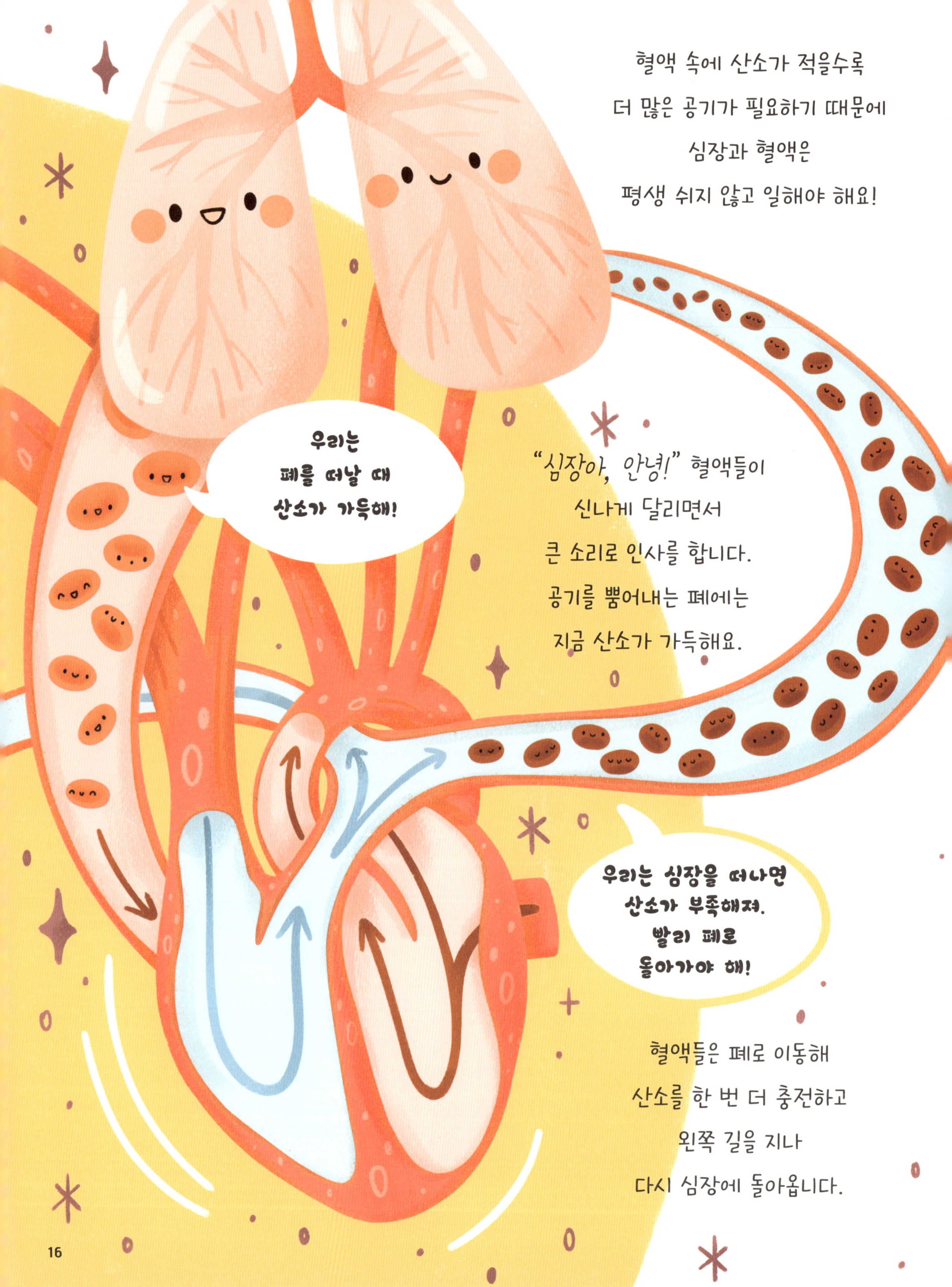

"심장아, 안녕!" 혈액들이
신나게 달리면서
큰 소리로 인사를 합니다.
공기를 뿜어내는 폐에는
지금 산소가 가득해요.

혈액들은 폐로 이동해
산소를 한 번 더 충전하고
왼쪽 길을 지나
다시 심장에 돌아옵니다.

혈액들이 다시 활기차게 쏟아져 들어오면
심장은 무척 기뻐한답니다.

"안녕!" 심장이 인사해요. "내가 너희를 다시 밀어줄게."
"얼른 해 줘!" 혈액이 대답하려는 순간… 우와! 미끄러진다!

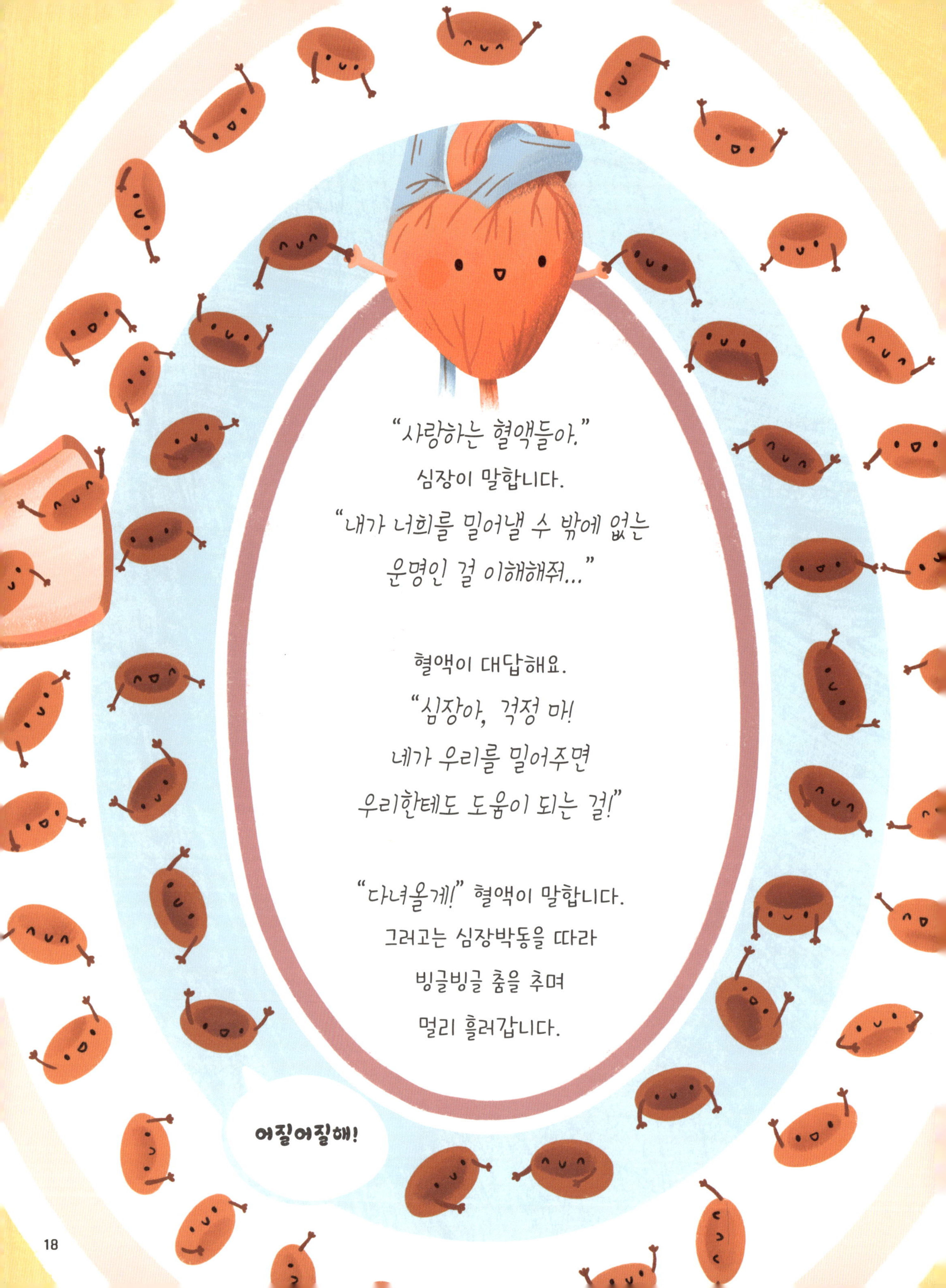

"사랑하는 혈액들아."
심장이 말합니다.
"내가 너희를 밀어낼 수 밖에 없는
운명인 걸 이해해줘..."

혈액이 대답해요.
"심장아, 걱정 마!
네가 우리를 밀어주면
우리한테도 도움이 되는 걸!"

"다녀올게!" 혈액이 말합니다.
그러고는 심장박동을 따라
빙글빙글 춤을 추며
멀리 흘러갑니다.

어질어질해!

심장이 펌프질로 혈액을 머리부터 발끝까지 밀어주면
혈액은 우리 몸 곳곳을 찾아가 영양을 전달해 줍니다!

여러분이 깡충깡충 뛰며
이리저리 움직일 때,
심장은 더 빠르고 열심히
펌프질을 합니다.

잠시 쉬는 동안
가슴에 손을 얹고
숨을 크게 들이마셔 보세요.
여러분의 심장이 쿵쿵 뛰는 걸
느낄 수 있을 거예요.

"내가 여기 있는 게 느껴져?" 심장이 수줍게 말을 거네요.
"내 모든 박동은 널 위해 뛰는 거야."

심장과 혈액에 관한 모든 것

심장과 혈액은 매우 특별한 관계입니다.

심장은 가슴 한가운데에서
우리 몸 전체로
혈액을 펌프질해 보내주는
아주 힘센 근육입니다.

‘정맥’이라고 불리는 관은
산소가 부족한 혈액을 심장의
오른쪽으로 운반합니다. 그러면 심장은
산소를 충전하기 위해 혈액을 폐로 보냅니다.

심장은 심실과 심방이라는
두 개의 방으로
나눌 수 있어요.

심장은 근육 벽이 있어서
오른쪽 부분과
왼쪽 부분으로
나누어져요.

폐에 들러 산소를 충전한 혈액은
심장으로 돌아갑니다.
그리고 ‘동맥’이라는 관을 통해
밖으로 밀려나가게 돼요.

혈액은 순환계 속에서 우리 몸 이곳저곳을 여행합니다.

여러분의 피는
계속 흐르고 있습니다.
이제 어디로 가는지
따라가 봅시다...

여러분의 두 개의 폐와 공기

아무 맛도 나지 않고
보이지도 않는 가스가 있습니다.
우리는 그것을 매일 들이마셔요.
맞아요. 바로 공기예요!

"나는 공기라고 해."
공기가 말합니다.
"네가 살아가기 위해
나는 꼭 필요한 존재야!"

여러분들의 가슴 속에서 열심히 일하는 폐 친구들도 소개합니다.

폐는 좀처럼 쉬는 법이 없어요…

"우리는 한 쌍이야.
우리는 신선한 공기가
세상에서 제일 좋아!"

숨을 들이마실 때,
콧속의 작은 털들이
공기 중의 먼지를 움켜쥡니다.
그리고 점점 흘러 흘러…

기관을 따라 아래쪽으로 내려가서,
기관지로 들어갑니다.
(마치 공룡의 소리가 나는 것 같아요!)

"우리는 호흡기관을 통해
들어온 공기를 환영해요!"
폐가 말했어요.

폐는 스펀지같이 구멍이 많지만
'세기관지'라고 불리는 통로로 가득 차 있습니다.

"숨을 들이마셔서 통로 가득 공기를 채워주세요."
폐가 말했어요.

작은 주머니가 달린
각 통로가 산소를 내어주고
이산화 탄소를 받아옵니다.

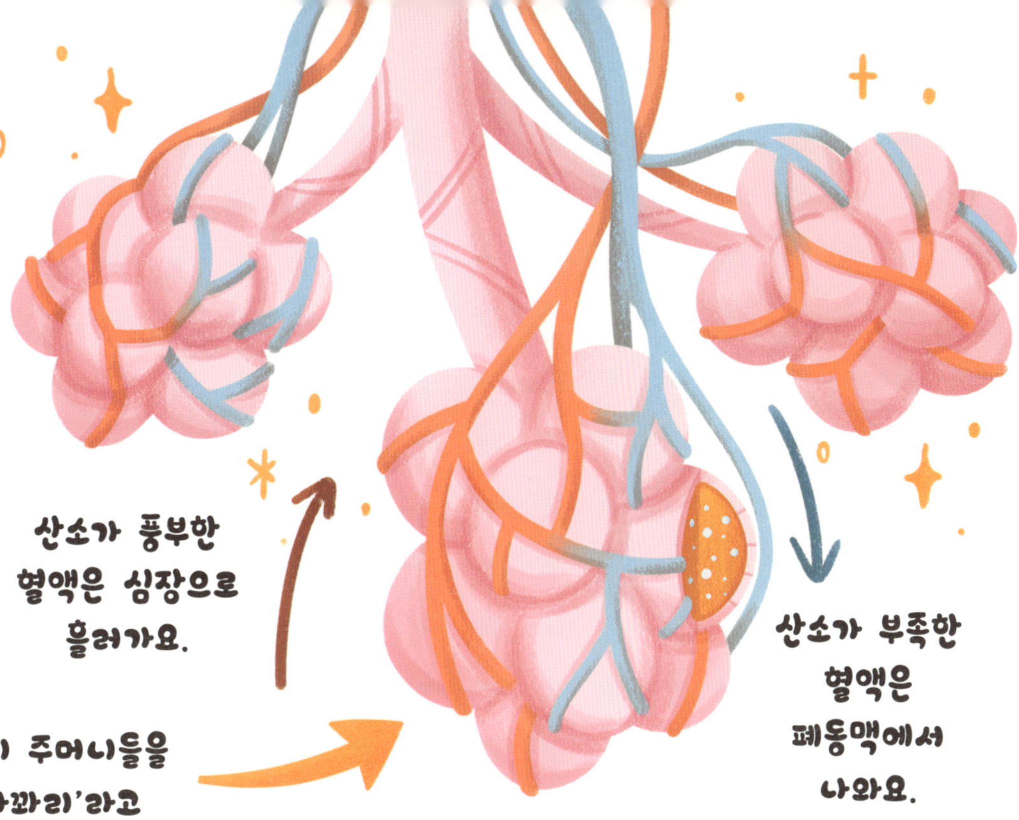

"산소야, 넌 여기 있어도 좋아!
하지만 이산화 탄소야 잘 가, 우리는 널 보내줘야 해..."

실망한 이산화 탄소는
매우 슬퍼했어요.
한숨 쉬며 "내가 왜 가야 돼요?
내가 그렇게 나빠요?"

"우리에게는 그래..."
폐가 말했어요.
"이산화 탄소는 우리에게 해롭지만...
식물들은 모두 이산화 탄소를 좋아해요!"

네, 맞아요. 이산화 탄소는
식물들을 위한 최고의 식량이며,
식물들이 필요로 하는 것은
바로 여러분이에요!

폐는 어떻게 꾸준한

호흡을 할 수 있을까요?

바로 횡격막이 도움이 됩니다.

한 번 살펴 봅시다!

"안녕! 나는 근육입니다."

횡격막이 말합니다.

"나는 폐가 수축하고 이완하며

움직이도록 돕고 있어요."

가슴에서 열심히 일하고 있는

폐가 얼마나 멋진지

여러분은 알까요?

폐가 하는 일은

그야말로 최고입니다!

여러분이 살아있는 한,

산소를 계속 호흡하는 것은

폐가 주는 선물이에요!

나는 여러분이 내뱉는 기체지만, 식물들은 나를 좋아해요!
안녕! 나는 이산화 탄소이자 CO_2!
내가 수축할 때마다 그들이 팽창하고, 내가 쉴 때 그들이 수축하는 것을 느껴보세요!

폐와 공기에 관한 모든 것

폐는 우리가 숨쉬기 위해 사용하는 신체의 특별한 기관입니다.

여러분이 숨을 들이마시면
코를 통해 공기가 들어오고,
비강을 감싸고 있는
작은 털이 먼지를 걸러냅니다.

공기는 기관을 통해 폐로 내려가 각 기관지로 이동합니다.
그리고 이 큰 관은 곧 폐로 이어집니다.

스펀지 같은 폐 내부는 기관지라고 하는
여러 개의 작은 통로로 나뉩니다.
각 기관지 끝에는 폐포가 있습니다.

허파꽈리는
공기가 통과할 때
공기에서 산소를
제거합니다.

그러면 산소는 혈액으로 들어가
체내로 운반됩니다.

여러분은 숨을 내쉴 때
이산화 탄소를 내보냅니다.

폐 아래에 있는 횡격막은
폐가 공기를 빨아들이고
내보내는 데 도움을 줍니다.

이들이 함께 여러분의
호흡계를 구성합니다.

무엇을 하든 여러분이 숨 쉰다는 것을
잊지 마세요…
이제 떠날 준비가 되셨나요?

아주 똑똑한 두뇌!

자신이 똑똑하다고 생각하시나요?
가장 똑똑한 부분은 여러분이 아니라
바로 여러분의 두뇌라는 사실을
다시 한 번 생각해 보세요!

두뇌는 나만의 특별한 스마트폰 또는
중앙 제어 역할을 합니다.
두뇌가 여러분을
작동시키고 있어요!

두뇌가 근육이 아님에도 불구하고
움직인다는 것은
정말 놀랍고,
칭찬받아 마땅합니다!

"맞아요, 나는 밤낮을 가리지 않고
빛나는 전구처럼
엄청나게 밝습니다."라고
뇌가 말합니다.

여러분의 두뇌는
여러분의 몸을 운영하는 데
매우 뛰어나요.
그러니 어서 가봅시다!

생각 속 깊은 주름과 틈새에서,

신비롭고 경이로운 무언가를 발견할 수 있을까요?

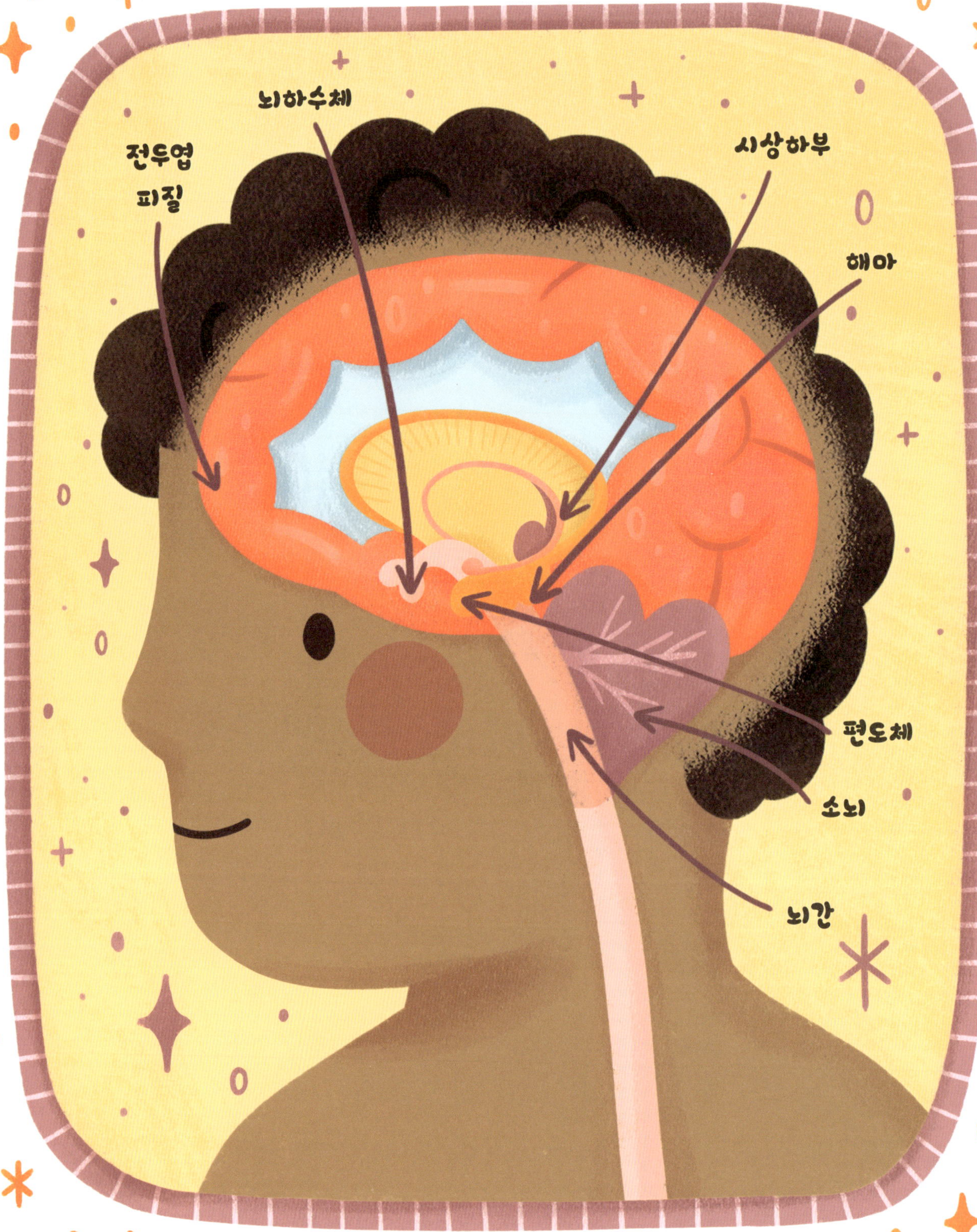

시냅스가 연결되고 뉴런이 전달되는 곳,

바로 이곳에서 우리 뇌는 건강을 유지하기 위해 바쁘게 움직입니다!

우리의 뇌는 심장 박동
하나하나에 맞춰
몸을 움직일 수 있을 정도로
매우 똑똑합니다!

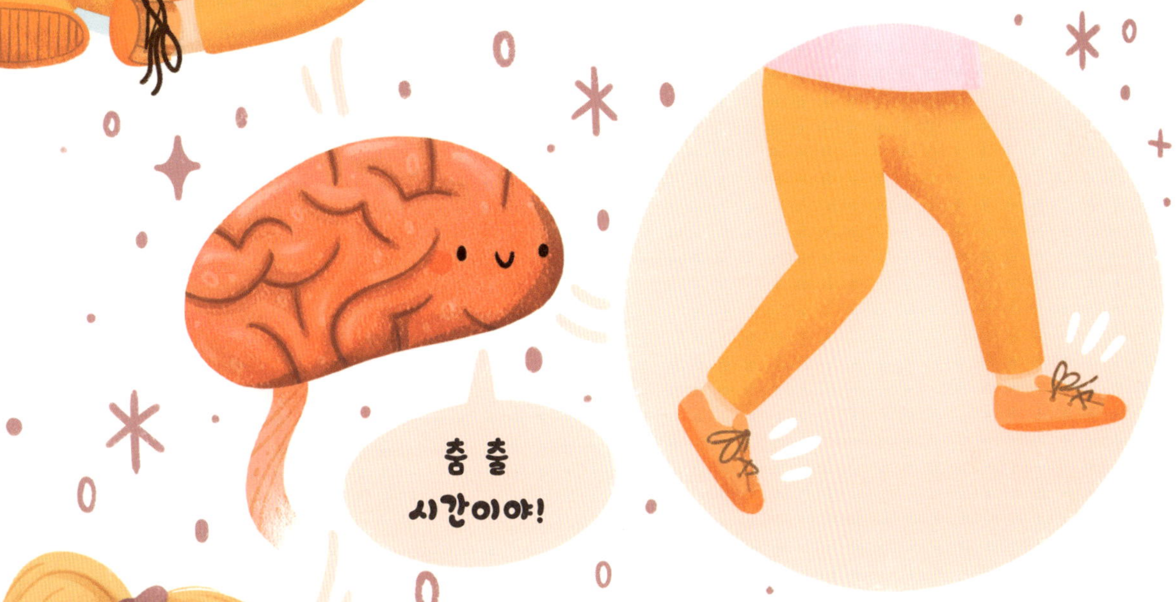

숨을 쉬는 폐,
말을 하는 입,
걸을 때의 다리...
모두 누구라고 생각하나요?

걱정거리가 있거나
문제가 생기면
뇌는 강해지기 위해
일을 하게 됩니다!

"저는 어떤 일이든
도전하는 것을 즐깁니다.
그러니 지금 바로
질문하세요!"

뇌가 말합니다,
"내가 도전할 때마다
더욱 똑똑해진다는 것을
알고 있었나요?"

"더 많이 배울수록
저는 더 강해집니다.
모든 문제, 모든 과제가
저를 더 강하게 만들어 주죠!"

1 2 3
+ ÷
이 닦을 시간!

두뇌는 분류하는 능력이
뛰어난 전문가이기 때문에,
여러분은 두뇌 없이는
전문가가 될 수 없어요!

"나는 여러분의 두뇌이며,
여러분은 아이디어가 필요할 때
분명 내가 필요해요!"

그러니 많이 생각하고
상상해 보세요...
여러분이 연습을 많이 할수록
뇌가 더 좋아집니다!

여러분의 마음에
신비하고 경이로운 힘이
담겨 있다는 사실을
알게 될 것입니다!

두뇌에 관한 모든 것

여러분의 두뇌는 놀랍습니다!

이상하게 생긴 주름진 기관인 뇌는 전기적, 화학적 신호를 몸에 보내서 작동합니다.

뇌줄기는 여러분의 폐호흡, 심장박동 기능 등 모든 기능을 유지합니다.

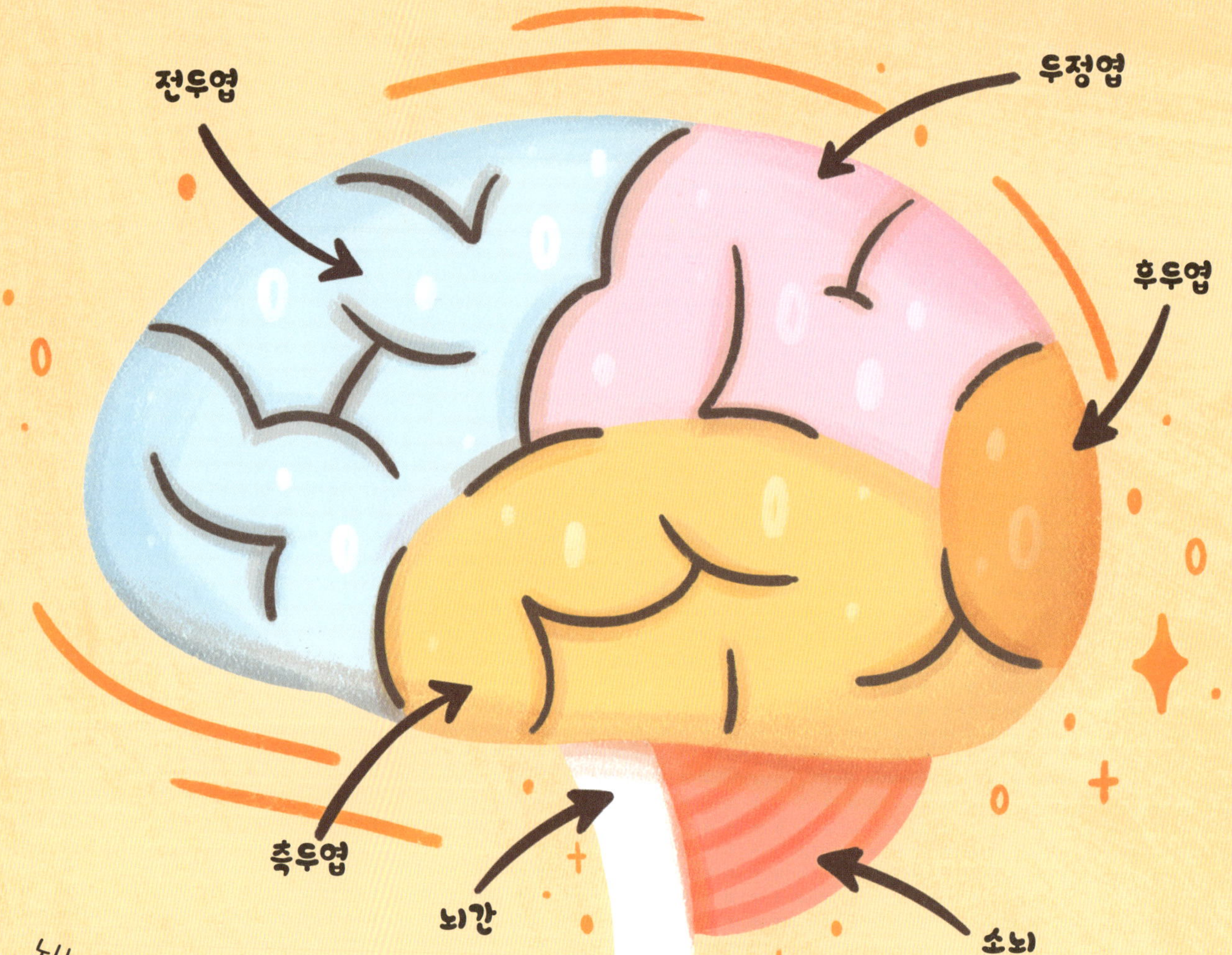

뇌는 다른 많은 작업을 수행합니다…

그들은 창의적이고 호기심 많고 유쾌하며 과학적이고 수학적인 정보와 기억을 저장합니다.

소뇌가 더 많이 생각할수록, 풀어야 할 문제를 더 많이 줄수록, 더 많이 배울수록 뇌는 더 많이 변화합니다. 소뇌는 근육은 아니지만 운동할 수 있습니다!

여러분의 **생각**은

많은 에너지를 필요로 합니다.

휴식이 필요해요!

어떤 길로 나서볼까요?

피부가 여러분을 지켜드립니다!

피부는 부드럽고 탄력있으며,
우리의 몸을 감싸고 있는
환상적인 기관입니다!

"안녕하세요 - 저는 피부예요.
아시다시피 저는 얇고,
여러분을 감싸면서
보호하고 있습니다...!"

안녕! 우리는 여러분의 피부 세포!

각질로 만들어진 세포는
작은 것부터 큰 것까지
몸을 감싸는 벽을
구성합니다...

여러분을 덮고 있는
이 세포는 매우 영리하여
항상 성장하고
재생합니다.

"나는 유연하고,
방수 기능까지 가지고 있어요!
여러분이 어디를 여행하든
제가 늘 함께 합니다!"

발톱부터 보조개,
주근깨와 여드름이 난
피부 잔주름까지
외부를 둘러싸고 있습니다.

여러분의 피부는 감염을 막고,
사방으로 모든 방면에
걸쳐 있는 장벽입니다.

"침입자들은 몸속으로
침입하려고 하지만,
내가 있는 한 끄떡 없어요.
나는 여러분을 보호하면서
세균과 싸우고 있어요!"

자, 이제 한 번 보세요.
여러분이 입고 있는
작은 숲 같은 털옷...

"안녕하세요! 머리부터 발끝까지,
그리고 여러분의 귀와 코까지,
나는 어디에나 있습니다."
털이 말합니다.

"저는 여러분을 따뜻하게 해드릴 수 있고,
내 친구 피부와 함께 위험으로부터
여러분을 보호할 수 있어요!"

"우리도 잊지 말아요!"
손톱이 말합니다. "우리는 튼튼해요!
하지만 조금 더 특별하게
피부와 같은 재료로 만들어졌어요!"

피부의 표피는 종이처럼
얇을 수 있지만
그 아래의 진피는
더 튼튼한 피부입니다...

여기에는 감각에
필요한 모든 신경과
치유에 탁월한 일부 세포가
포함되어 있습니다...

"나는 탱탱하고
탄력 있는 고무처럼
신축성이 좋고,
치유까지 됩니다.
오, 나는 꽤 멋지죠!"

"내 수백만 개의 땀샘이
여러분을 시원하게
해주고 있어요."
진피가 말합니다.
"나는 하는 일이 많아요!"

바깥쪽이든 안쪽이든,

두껍든 얇든,

피부색에 상관없이

여러분의 피부는 최고예요!

여러분이 무엇을 하든

피부는 여러분의 모습을

만들고 유지하는 표면입니다.

그러니 물을 많이 마시고...

충분한 수면을 취하세요...

아름다움은 피부에서

시작된다는 것을 기억하세요!

피부에 관한 재미있는 사실

피부는 우리 몸에서 가장 큰 기관입니다. 피부는 스스로 회복하는 능력이 뛰어납니다.

놀랍게도 많은 기능을 가진 피부, 피부는 부드럽고 유연하여 내부를 보호하고 박테리아를 차단하는 방수 장벽이기도 합니다.

피부의 바깥층을 '표피'라고 합니다. 이 외피층은 끝이 없는 피부 벽처럼 끊임없이 탈락하고 교체됩니다.

수백만 개의 유익한 미생물로 덮여 있습니다. 그리고 수백만 개의 작은 털이 보온을 도와줍니다!

그 아래 층을 '진피'라고 합니다. 진피는 더 두껍고, 다음과 같은 모든 종류의 환상적인 것들을 포함하고 있습니다.

피부는 부분적으로 각질로 구성되어 있습니다. 머리카락과 손톱도 각질로 이루어져 있으며, 피부가 계속 재생되기 때문에 머리카락과 손톱은 계속 자랄 수 있습니다!

인생은 어떤 경이로움을 보게 될지
모르는 여정입니다!
그리고 지금 여러분이 가진 피부는
충분히 경이롭습니다...

자유자재 크고 작은 근육들

신축성 있는 근육부터
매끄러운 근육까지
모든 근육이 움직이면서
모든 것을 활동적으로 유지합니다.

버티고 쭈우우우욱 늘이면서
어떤 근육은 강하고 어떤 근육은 작고
어떤 근육은 거대하거나 길어요.

신나게 즐기세요!
함께 춤을 추며
놀라운 모든 근육을
움직여 보세요!

가장 바쁜 근육은 눈에서 발견됩니다.

깜짝 놀라면 눈을 깜빡이고 크게 뜰 수 있도록 돕는 눈 근육!

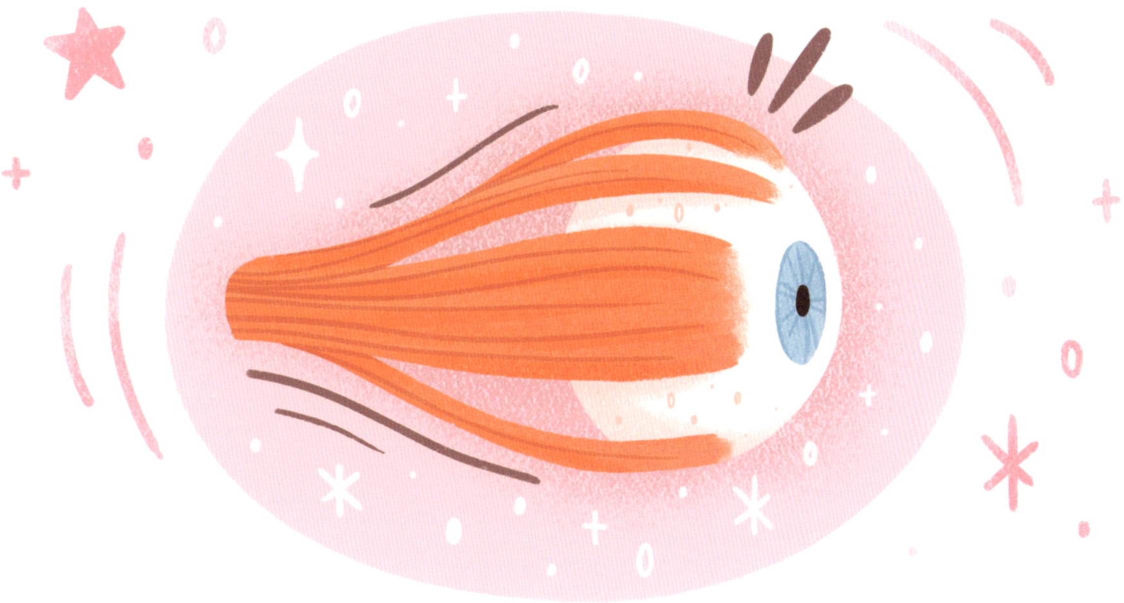

가장 큰 근육은 엉덩이지만
가장 작은 근육은
귓속 깊숙이 있다는 것을
알고 계셨나요?

"저는 맛도 보고, 만질 수도 있고,
수다도 떨 수 있어요!"라고 혀가 말합니다.

만약 말하는 데
100개의 근육이 필요하다면,
걸을 때는 얼마나 많이 필요할까
상상해 보세요!

달리고 점프하는 것부터 의자에 앉는 것까지
근육은 짝을 지어 함께 활동합니다.

"우리는 당겼다가 밀었다가 모두 함께 일해요,
놀랍지 않나요?" 근육은 말합니다.

"자, 이제 한바탕 놀러 가자!"
"쓰러질 때까지 춤을 추자!" 라고
멋진 근육들이 말했습니다.

춤추는 근육은 혼자
작동하지 않습니다 –
유연한 힘줄이 근육을
뼈에 부착합니다.

모든 근육이 각자의 역할을 해야 하지만,
가장 열심히 일하는 근육은 단연 심장입니다.

여러분의 심장이 고유한 박자에
맞춰 뛰는 것은 우연이 아니에요!

그렇게 근육의 춤은
하루 종일 계속되고,
근육은 일하고 쉬고 놀면서
계속 바쁘게 움직입니다...

우리가 바쁜 일상을 살아가다 보면,
근육은 움직일 때 생긴다는 것을
알 수 있습니다!

여러분의 근육은 정말 놀라워요!
신축성에서 부드러움까지,
움직이면서 활동성을
유지하세요!

근육의 재미있는 사실

여러분의 근육들은 정말 대단해요!

우리 몸 속에는 세 유형으로 나뉘는 600개 이상의 근육이 있습니다.

가장 작은 근육은 귀에 있습니다.

심장 근육은 몸 전체에 혈액을 펌프질하여 다른 모든 기능을 유지합니다. 심장은 밤낮으로 쉬지 않고 자동으로 박동합니다. 심장 근육은 자동적이기 때문에 심장 박동에 대해 신경쓸 필요가 없습니다.

심장 근육이 가장 열심히 일하지만, 가장 바쁘게 움직이는 것은 눈 근육입니다.

이러한 부드럽고 자동적인 근육들은 장, 위와 같은 숨은 일꾼이며, 장은 '연동 운동'이라는 운동을 통해 음식을 밀어내는 역할을 합니다.

가장 큰 근육은 '대둔근'이라고 불리는 엉덩이 근육입니다!

골격 – '근육'이라고 하면 가장 먼저 떠오를 수 있습니다. 근육은 유연한 힘줄로 뼈에 붙어 있어 우리가 움직일 수 있도록 도와주는 역할을 합니다. 어떤 근육은 운동을 많이 할수록 커지기도 합니다!

걸을 때는 200개의 근육을 사용하고 말을 할 때는 100개의 근육을 사용합니다. 상상해 보세요!

달리고 높이 뛰고, 몸을 흔들고 움직여도

근육은 **멈추지 않고**

여러분과 함께 움직일 거예요!

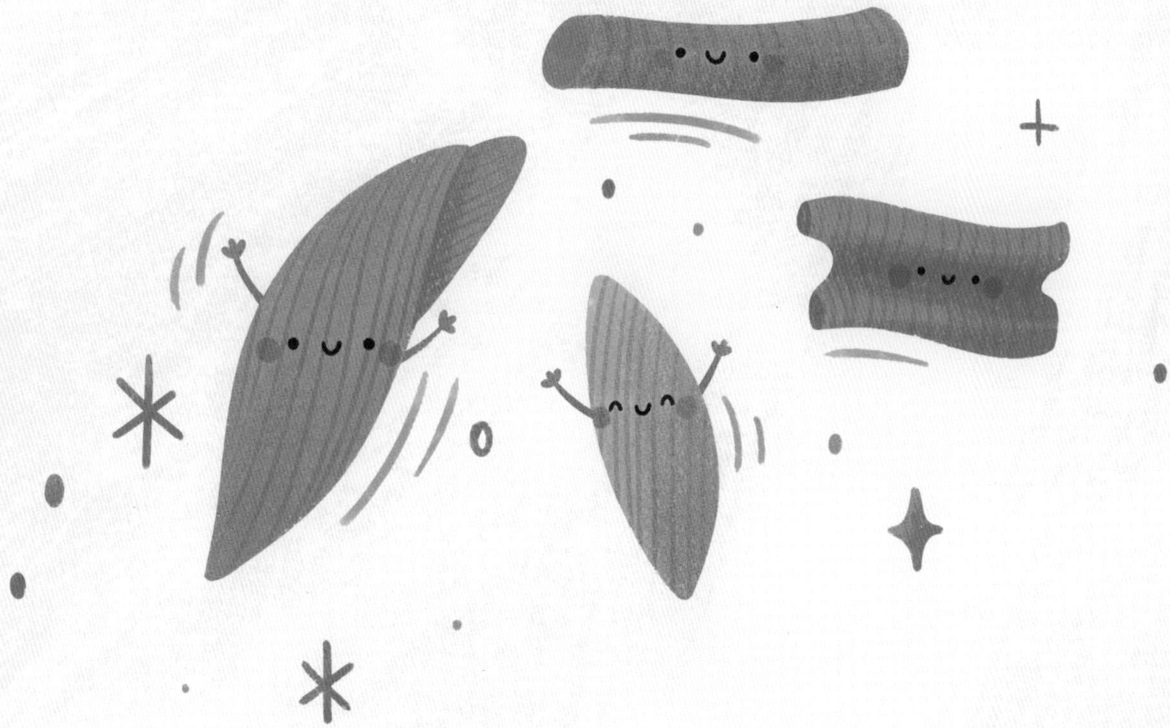

음식의 머나먼 여행, 소화

음식은 여러분이
의지하는 힘입니다.
성장하고 회복하려면
음식이 꼭 필요해요!

한 입 삼킬 때마다,
여러분이 먹는 모든 음식은
소화되기 위해
기나긴 여정을 거쳐야 합니다…

그 여정은 여러분이
배가 고플 때 시작됩니다.
배가 꾸르륵거리며
군침이 돌기 시작해요.

뱃속에서 외쳤어요. "제 말이 무례하게 들릴지 모르겠지만,
제게 음식을 채워주세요! 맛있으면 더 좋지요!"

그러니 입을 크게 열어, 열어, 활짝!
입을 열어 음식을 들여 보내주세요!

입 안에서 이빨이
모든 음식을 으깨고 섞으며
기막힌 반죽으로 만듭니다.

음식을 부드럽고 푹신푹신한
반죽으로 으깨는 동안,
"이거 정말 맛있네요!"
입이 말합니다.

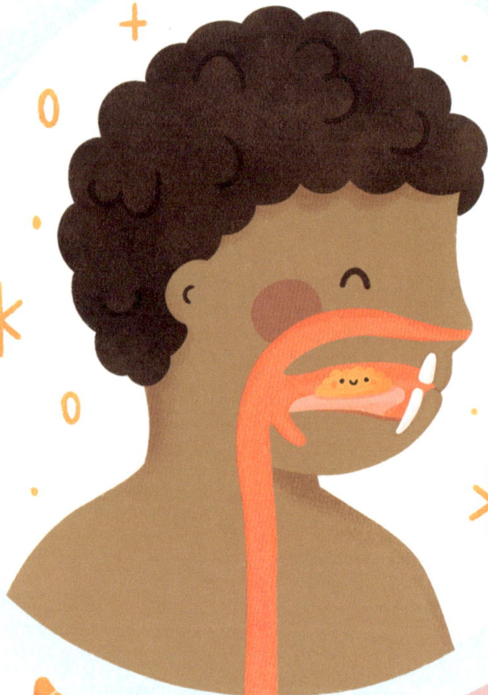

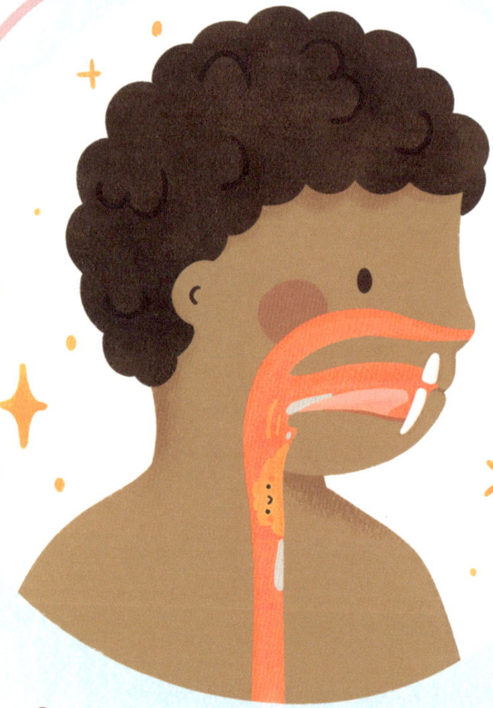

삼킬 준비가 되어,
더 이상 음식이 머무를 수 없겠네요.
침의 도움으로 음식이
부드럽게 넘어갑니다!

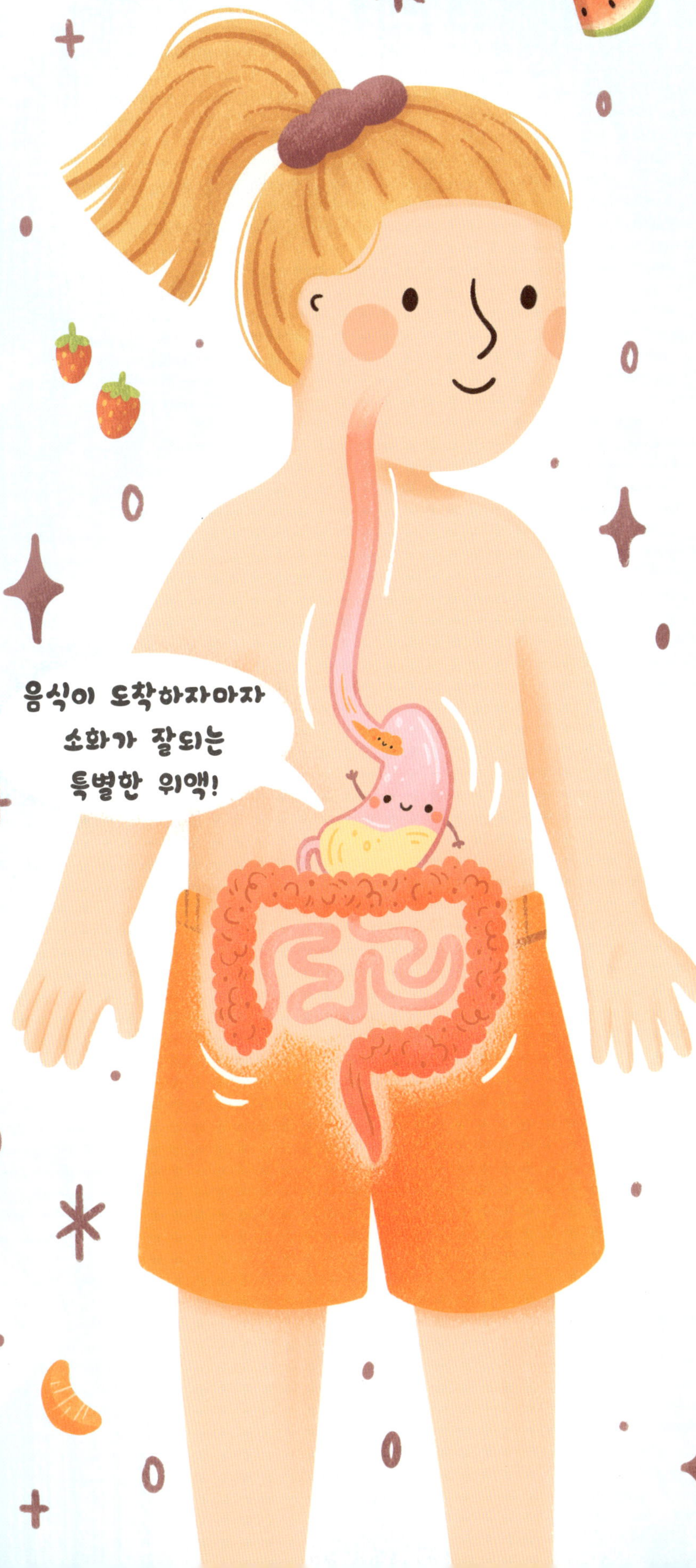

식도 아래로 내려가면
조금 더 넓은 공간인
배로 내려가요.

입이 "잘가!"라고 소리치고,
달콤한 귤과 잘 익은 자두를 향해
뱃속이 외칩니다.
"안녕! 반가워!"

"파스타, 야채 카레,
혹은 치즈가 들어간 피자...
뭐가 됐든 빨리 먹어야 해요!"

"들어봐요, 이건
나만의 욕심이 아니에요!
내가 음식을 원하는 이유는
여러분에게 필요한
연료이기 때문이에요!"

"음식은 내 친구이며,
매일매일 맛있고
다양한 음식을
만날 수 있습니다!"

"음식을 분해하는 것이
제가 가장 잘하는 일입니다.
바로 여기 뱃속에서
효소가 소화를 도와줘요!"

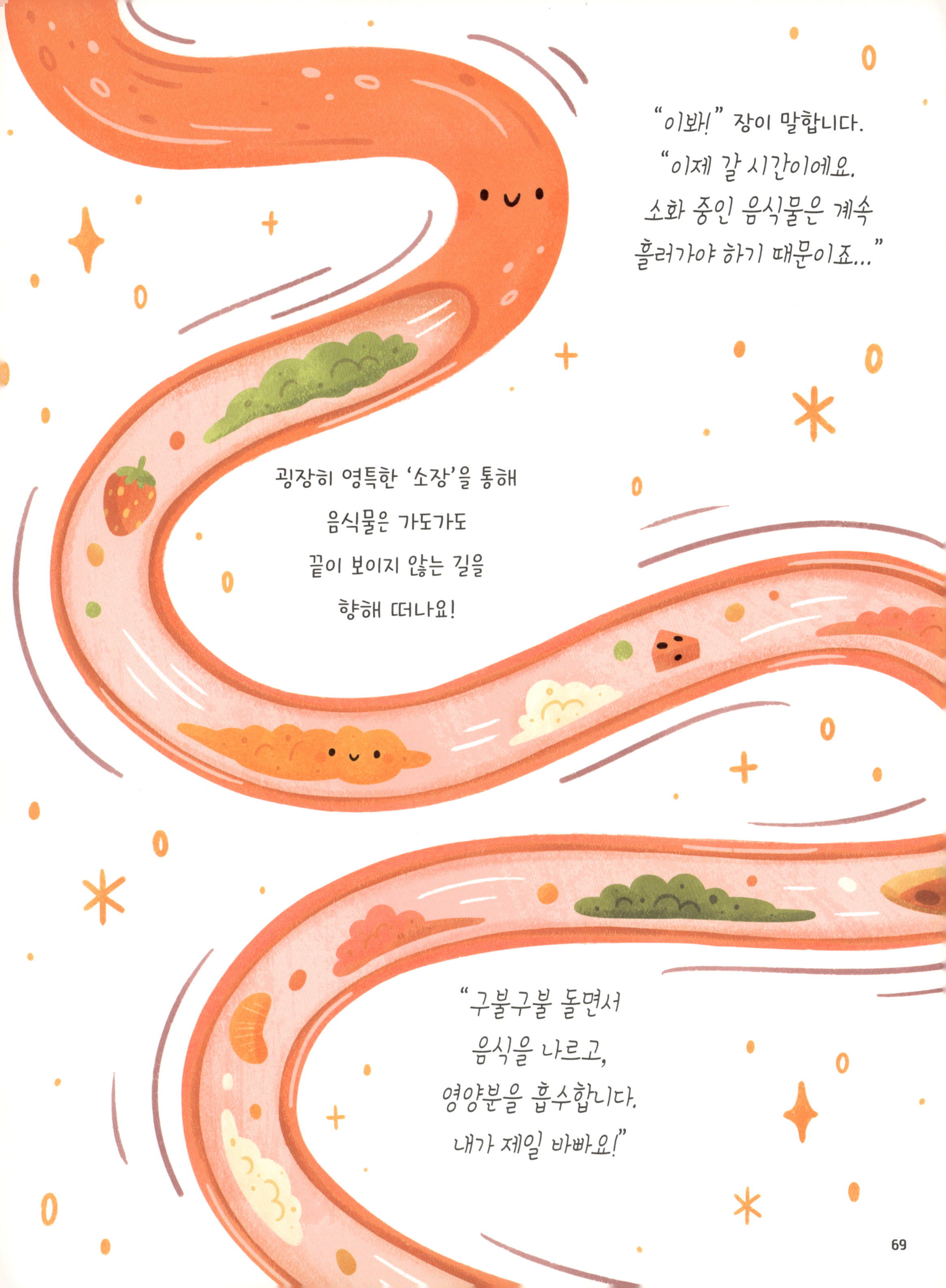

"이봐!" 장이 말합니다.
"이제 갈 시간이에요.
소화 중인 음식물은 계속
흘러가야 하기 때문이죠…"

굉장히 영특한 '소장'을 통해
음식물은 가도가도
끝이 보이지 않는 길을
향해 떠나요!

"구불구불 돌면서
음식을 나르고,
영양분을 흡수합니다.
내가 제일 바빠요!"

이 긴 여정의 끝은
어디일까요?
다음 모서리를 돌면
가까워집니다.

그리고 대장이라는
관 안으로 들어가면서,
재충전을 위한
수분을 흡수합니다.

몸에 좋은 것들은
다 흡수되었고,
소화되지 않은 나머지는
똥으로 압축되어 내보냅니다!

한 입 삼킬 때마다,
여러분이 먹는 모든 것은
여정을 떠날 거예요.
깔끔히 정리되었죠?

소화에 관한 재미있는 사실

음식은 우리 몸을 움직이는 연료입니다! 음식은 매일 장을 통해 긴 여정을 거쳐
우리 몸이 모든 좋은 영양소를 소화할 수 있도록 합니다.
이 과정을 소화기관이라고 합니다.

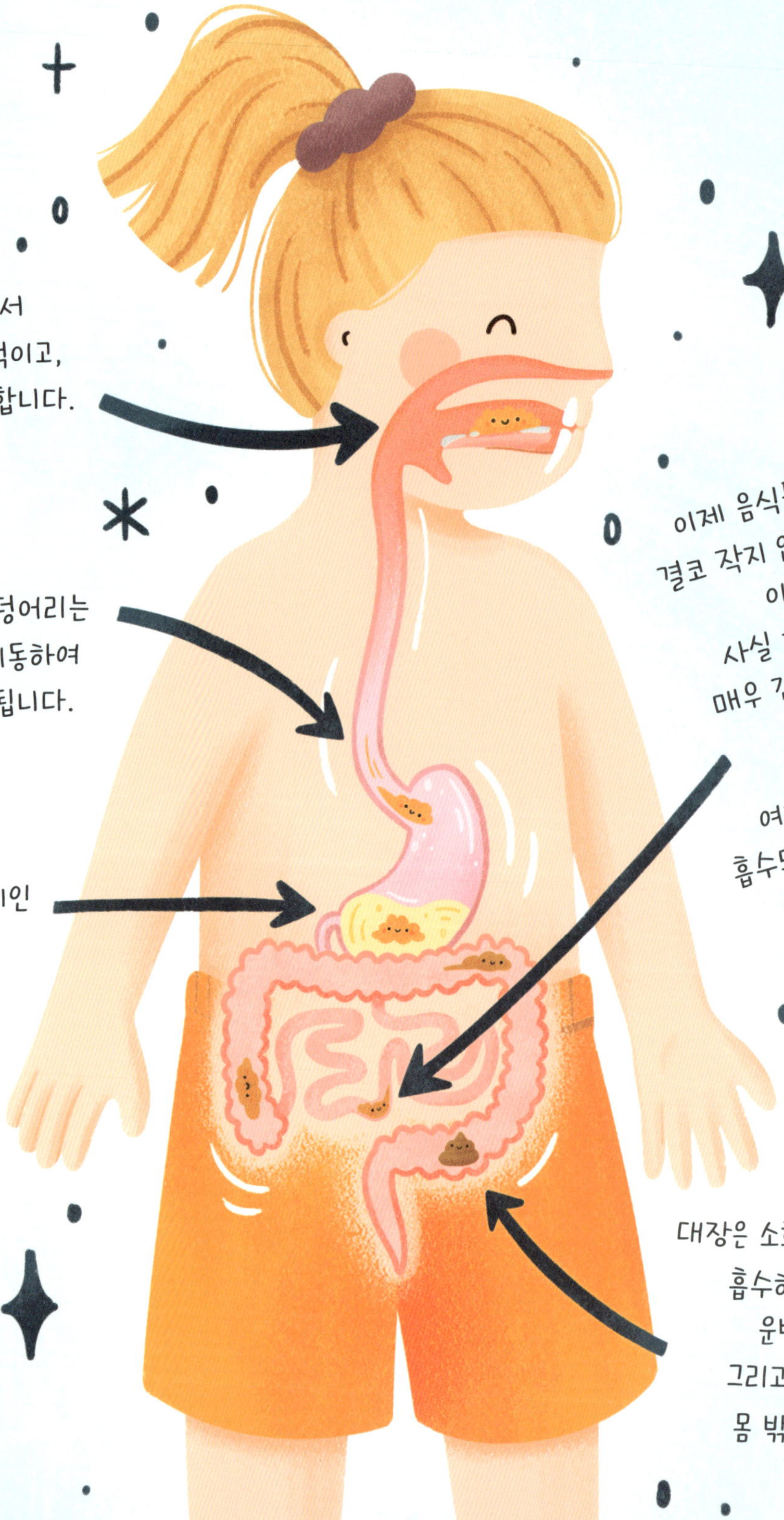

음식은 씹으면서 입안의 침과 섞이고, 분해되기 시작합니다.

이제 음식물 입자는 작아지면서, 결코 작지 않은 '소장'으로 이동합니다. 이름과 달리 소장은 사실 거의 7미터에 달하는 매우 긴 길이를 가지고 있어요!

음식을 삼키면, 덩어리는 식도를 따라 이동하여 위에서 분해됩니다.

여기서 음식의 좋은 부분은 흡수되고 운반되어 몸에 공급되고 연료를 공급합니다.

여기서 강력한 소화제인 효소와 산이 작용합니다.

대장은 소화된 음식물에서 수분을 흡수하고, 노폐물을 직장으로 운반하여 저장합니다. 그리고 항문(똥구멍)을 통해 몸 밖으로 똥을 배출합니다!

식사 후에는
소화할 시간을 가지세요.
우리 함께
소화하러 가자!

우리 몸을 지탱해 주는 뼈!

우리 몸에는 뼈가 필요하고
뼈에는 몸이 필요합니다.
뼈가 없으면 몸이 없는 것과
마찬가지예요!

뼈가 없으면 우리는
쫀득쫀득하고 말랑말랑하고,
떨리는 젤리처럼
흔들거릴 거예요!

뼈가 여러분을 지탱합니다.
뼈는 단단하고 강해요!
뼈는 모든 생명을 보호하고
재생하기 위해 존재합니다!

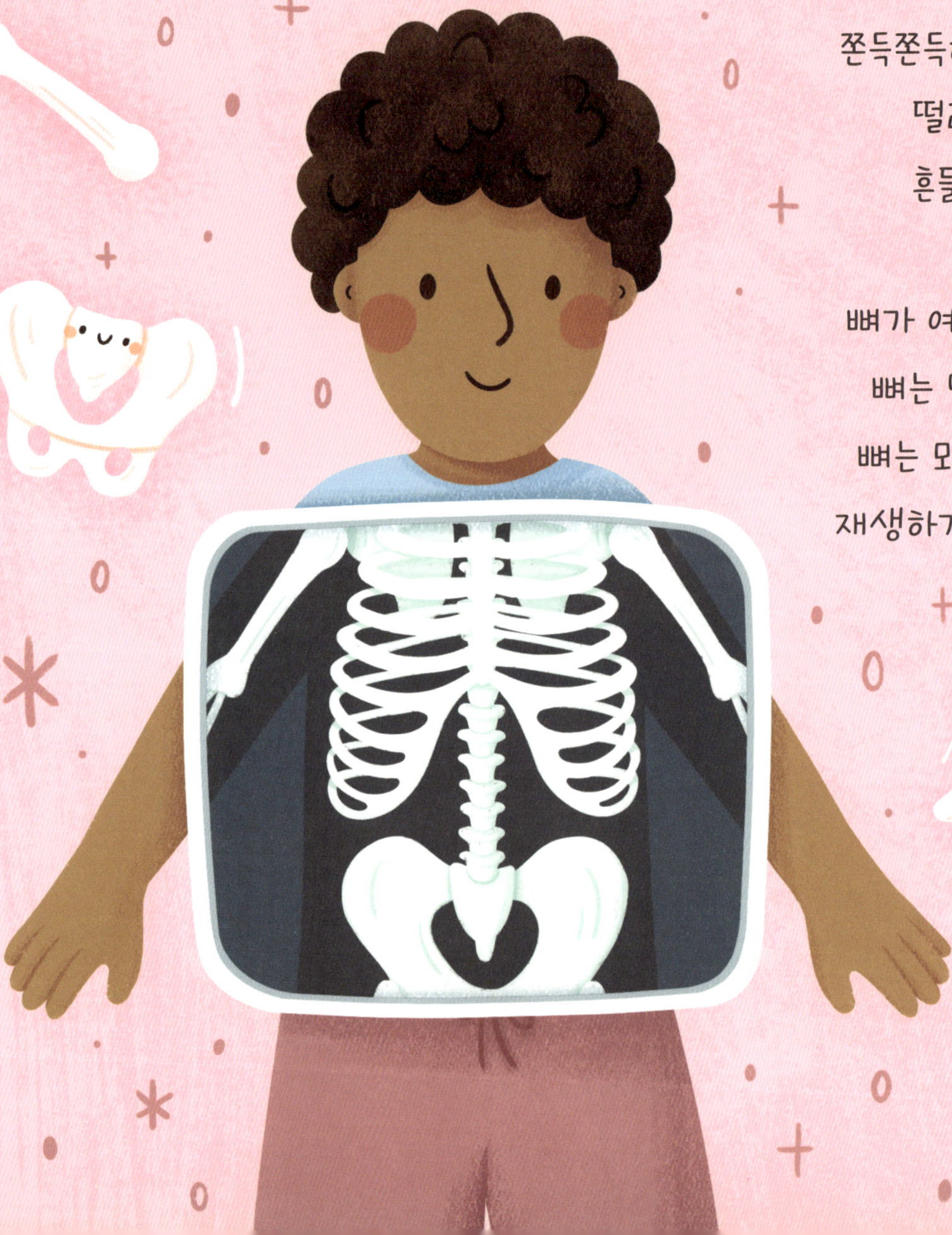

뼈 디스코 파티에 놀러오세요!

일단 시작하면 멈추고 싶지 않을 거예요.

한 개의 뼈를 제외한

내부에 연결된 모든 뼈는

퍼즐로 연결되어

움직임을 재미있게 만들어줍니다!

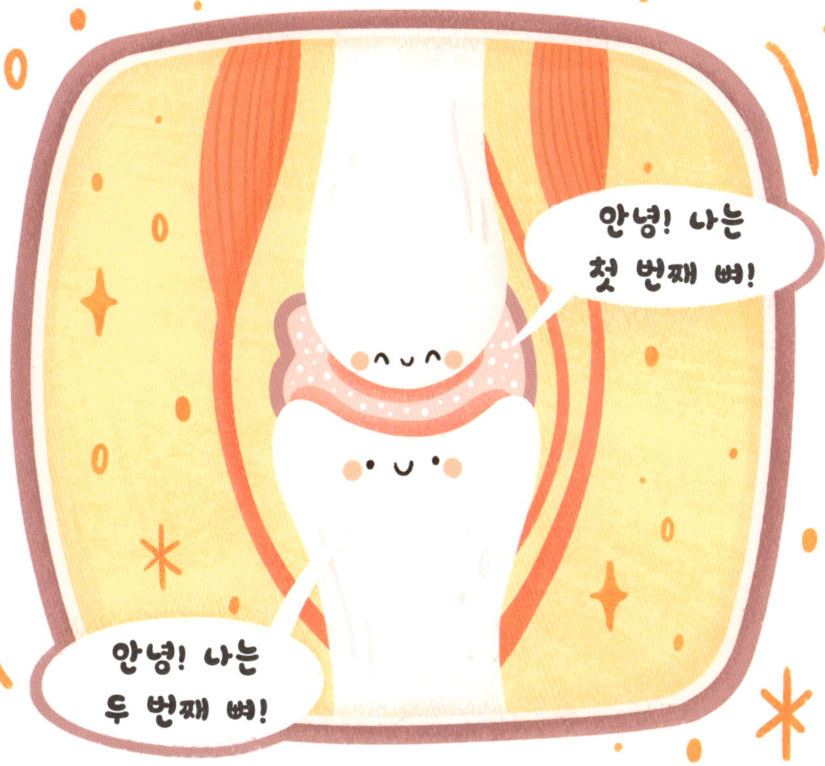

머리부터 발끝까지 뼈는 골격 퍼즐처럼 연결되어 있으며,

뼈를 보호하도록 설계되었습니다.

"나는 여러분의 두개골이며, 헬멧처럼
여러분의 뇌를 감싸고 있기 때문에 안심해도 좋아요!"

두개골은 서로
꼭 맞물려서
뇌를 단단히 보호하는
왕관을 형성합니다.

두개골이 척추 위에 어떻게 올라가 있는지 아시나요?

두개골은 고도의 기술을 갖고 있지요.

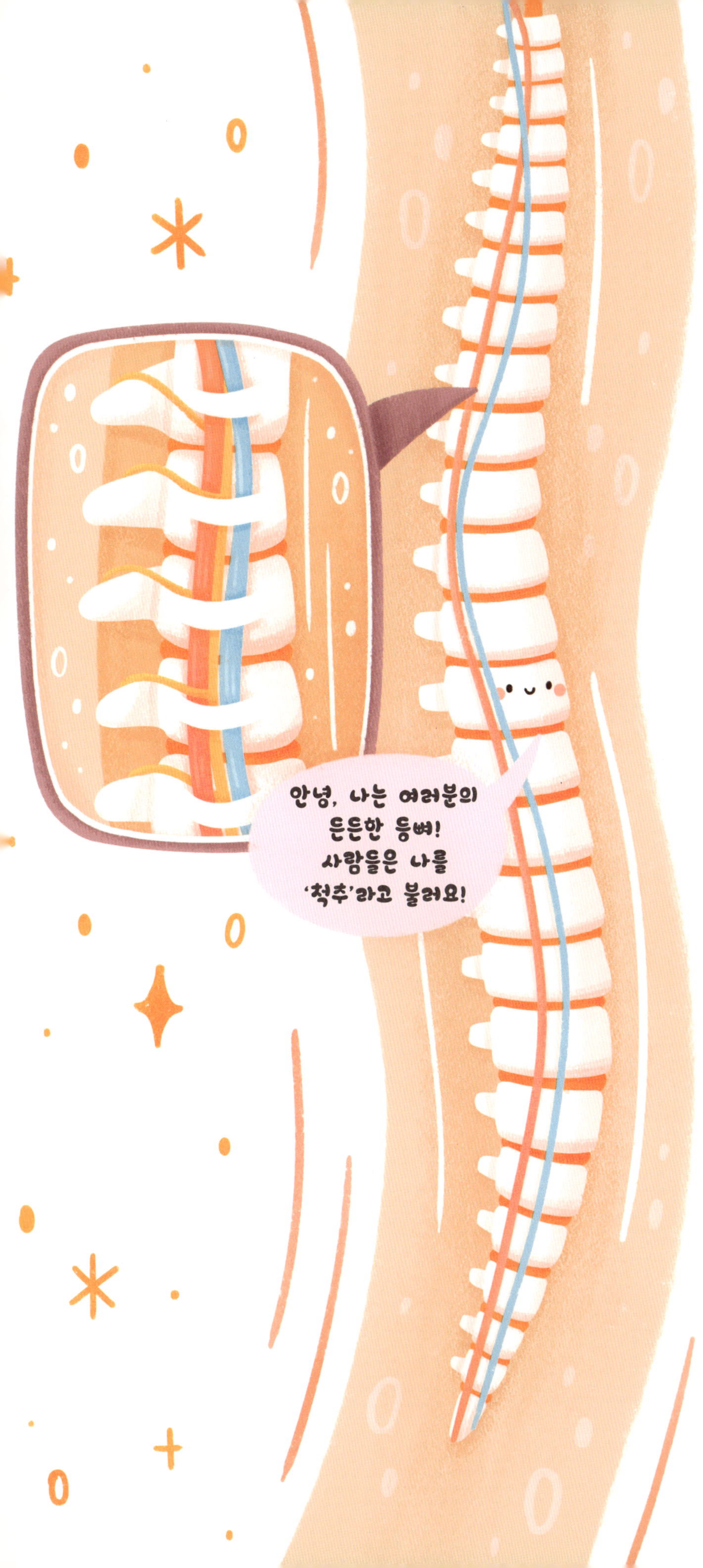

"나는 터널 안에서
척추 신경을 안전하고
건강하게 유지해주는 보호장비
척추뼈입니다."

"유연한 연결고리를 통해
뇌에서 등까지의
혈관과 신경을 보호합니다."

등뼈는 올라가기도 하고
내려가기도 합니다.
등뼈는 여러분의 엉덩이에서
시작되어 여러분의 정수리까지
올라갑니다.

여기 둥글게 파인 구멍에
여러분의 어깨뼈를 걸어,
팔을 자리에 고정합니다.

척추는 갈비뼈를 잡아주면서
"양쪽 폐와 심장을 새장처럼 보호하는 역할을 해요!"라고 말합니다.

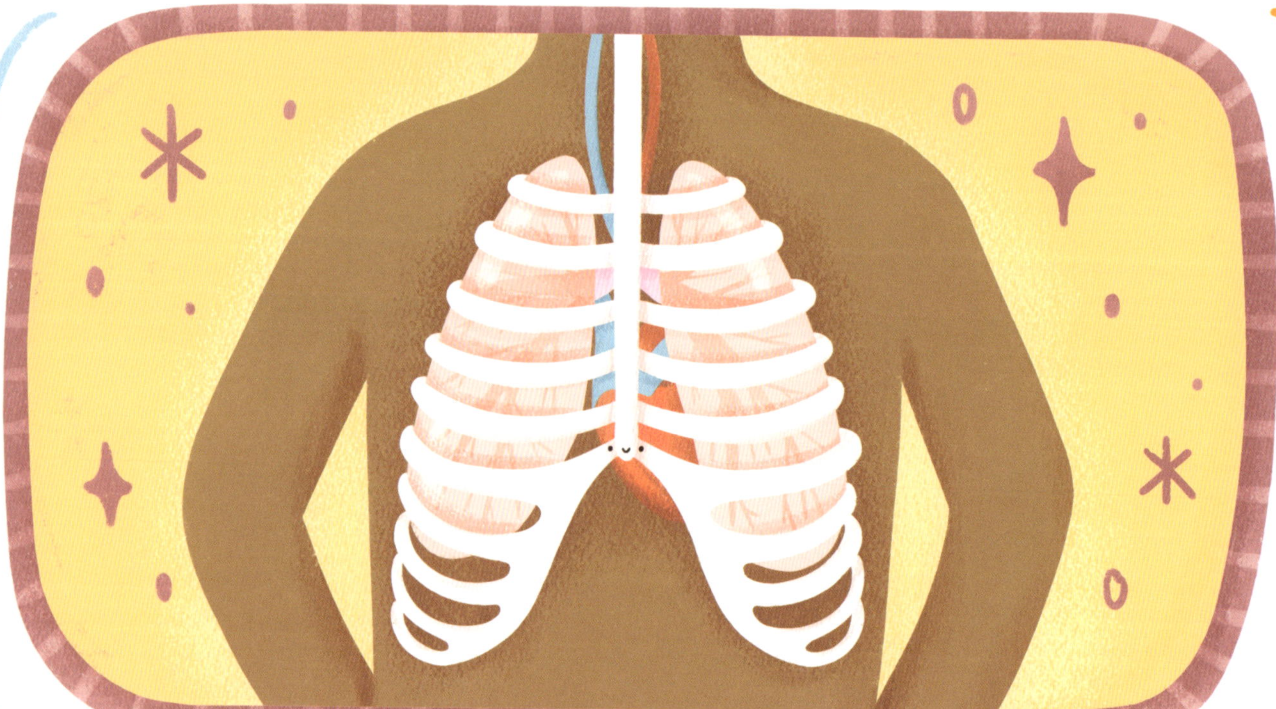

"보호하고, 지지하고 유연하게 늘이면서
모든 장기를 안전하고 건강하게 보호합니다!"

다음은 척추 밑에 있는 그릇 모양의 뼈를 좀 보세요!

멋진 디자인이죠!

골반은 모든 장과 몸통을 똑바로 세워주는,

두 개의 거대한 뼈로 이루어진 접시 모양의 뼈입니다!

"지지하고 균형잡기:

달리거나 앉아서 쉴 때

제가 여러분을 도와드리죠!"

가장 큰 두 개의 뼈가
두 개의 못처럼
골반에 맞물리면서
다리 윗부분을 구성합니다.

발목 아래 10개의 발가락 뼈까지…

뼈는 아래에서 위까지
골격을 만들어요~
뼈가 주최하는 파티에
춤추러 오세요!

뼈의 재미있는 사실

신체의 모든 뼈를 하나로 묶은 것을 골격이라고 합니다.

뼈는 신체를 지탱하고 중요한 장기와 부드러운 내장을 보호합니다. 두개골은 '매우 중요한 뇌'를 보호하는 단단한 헬멧과 같은 역할을 합니다!

대부분의 뼈의 중심에는 '골수'라고 불리는 부드럽고 스펀지 같은 물질이 있습니다. 골수는 혈액 세포를 만드는 매우 중요한 물질입니다.

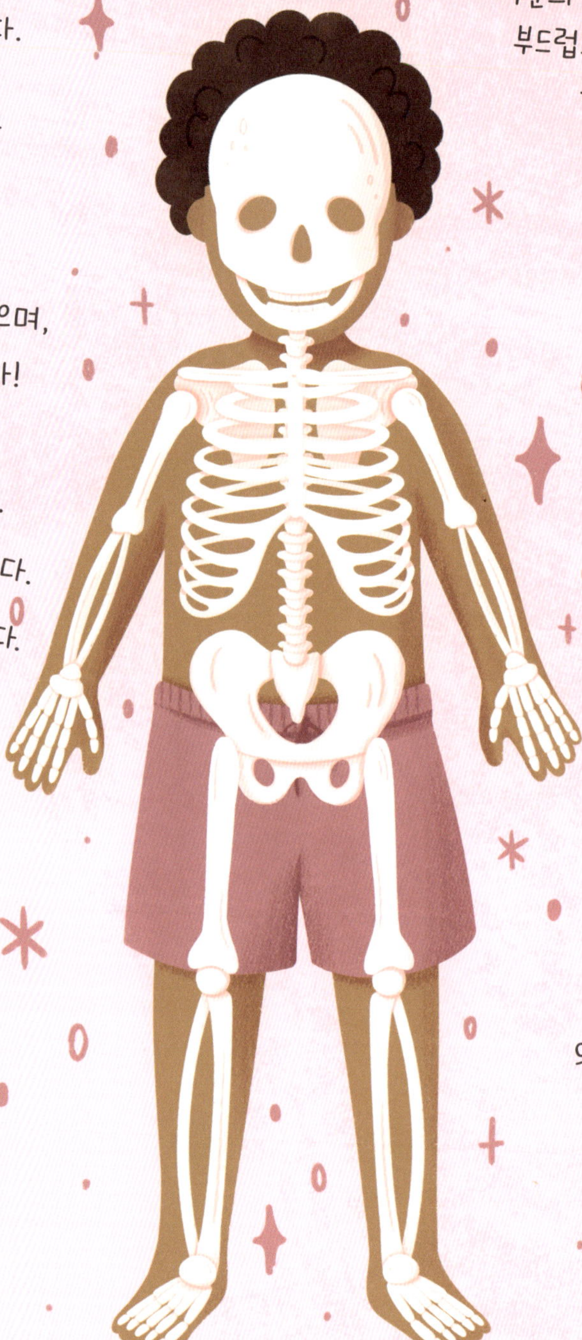

어른들은 206개의 뼈를 가지고 있으며, 이 중 절반은 손과 발에 있습니다!

- 발에는 52개의 뼈가 있습니다.
- 손에는 54개의 뼈가 있습니다.
- 목과 척추에는 33개의 뼈가 있습니다.
- 성인 두개골에는 22개의 뼈가 있습니다.

우리 몸에서 가장 긴 뼈는 대퇴골입니다. 대퇴골은 다리와 골반을 연결합니다.

뼈는 부러졌을 때 재생에 탁월합니다! 또한 뼈는 10년마다 스스로 재생합니다. (우리의 몸속에 생겨나는 새로운 골격을 상상해 보세요!)

우리 몸의 뼈는
모두 연결되어 있기 때문에
어떤 방향으로든
움직일 수 있습니다!

온 세상을 느끼는 다섯 개의 감각!

여러분의 감각은
매일, 매 순간, 삶의 경이로움을
함께 느끼고 있어요.

냄새를 맡고, 맛을 보고, 만지고,
소리를 듣습니다.
감각은 우리가 온 세상을
느끼고 볼 수 있게 해요!

보고, 만지고, 맛보고, 느끼고!

여러분의 감각은

몸이 존재하는 데

꼭 필요한 존재예요!

코가 여러분의 얼굴 위에서

작은 산처럼 솟아오른 것 좀 보세요!

코에는 공기를 호흡하기 위한 두 개의 콧구멍과

민감한 털로 된 안감이 있습니다.

그리고 꽃처럼 사랑스러운

장밋빛이며, 킁킁거리면서

참견하기를 좋아해요!

"나는 여러분이

냄새를 맡을 뿐만 아니라,

음식의 맛을 느낄 때에도

필요한 코입니다."

과즙이 흐르는 끈적한 딸기를 으깨는 것부터

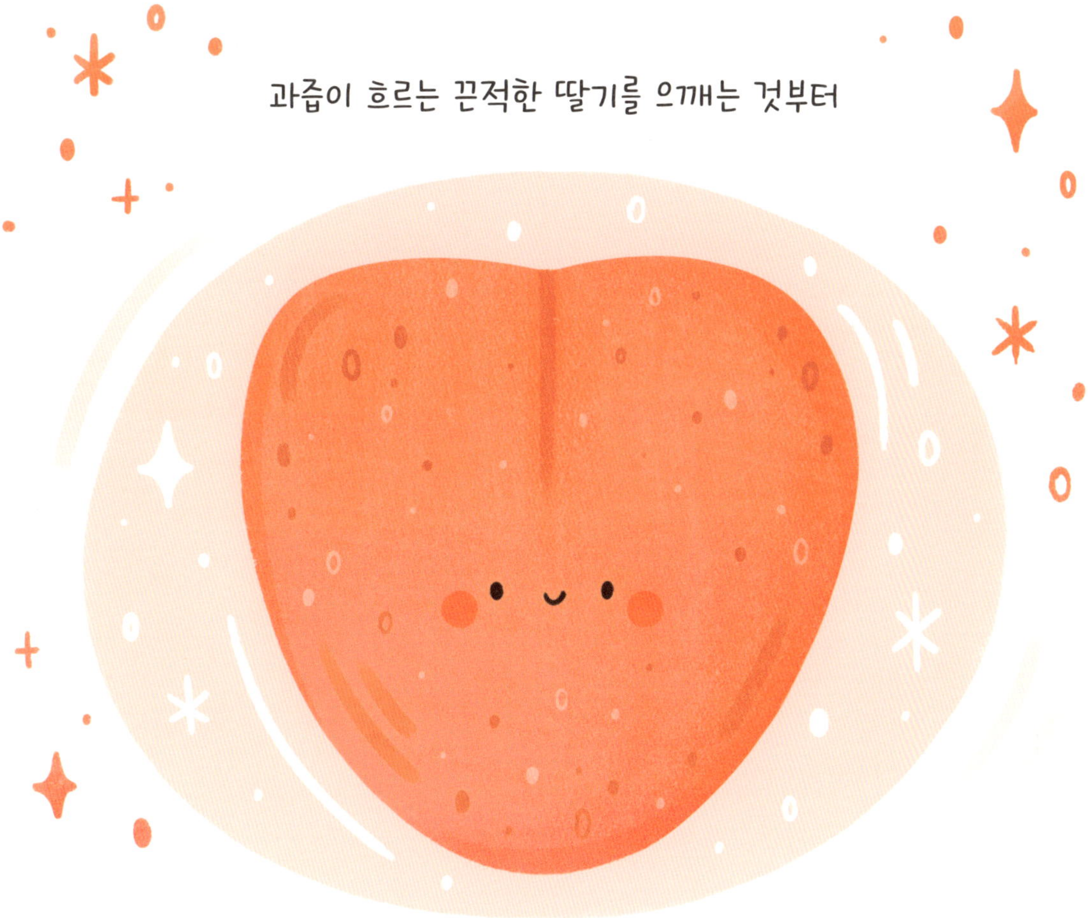

혀를 차고 수다를 떠는 것까지, '핥는' 재미가 쏠쏠합니다!

"저는 맛을 잘봐요!"
"음식의 단맛과 신맛 모두
느낄 수 있어요!"
혀가 말합니다.

게다가 혀는 입술에
묻거나 떨어지는
아이스크림을 잡아내는 데
엄청나게 능숙합니다.

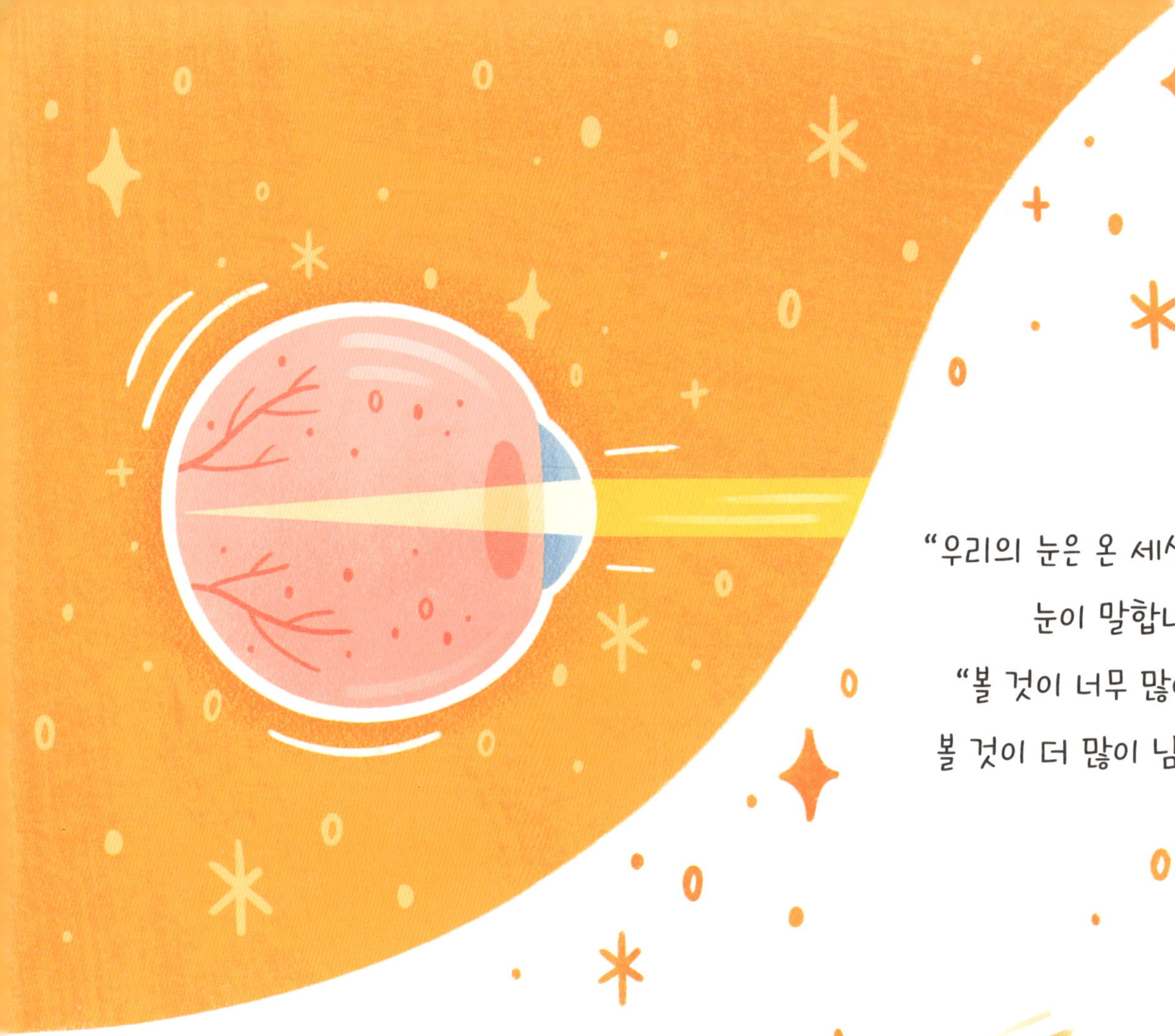

"우리의 눈은 온 세상을 봅니다."
눈이 말합니다.
"볼 것이 너무 많아, 아직도
볼 것이 더 많이 남아있어요!"

"재미로 가득한 세상,
이런 멋진 광경을 보기 위해
우리에게 필요한 건
오직 하나, 바로 빛입니다!"

"주위를 둘러보세요."
"우리가 함께 살고 있는 이 지구가
최고라는 것을 알게 될 거예요!"
눈이 말합니다.

"귀를 기울여 들어보세요."

"음악의 마법이 어디에나 있다는 걸 알게 될 거예요!"라고

귀가 말합니다.

고래의 노래나

새의 울음소리,

속삭임과 휘파람 소리까지

모두 들을 수 있습니다!

누구나 알고 있듯이,
피부는 머리부터
발끝까지 민감하여
모든 신체가 반응해요.

거친 바닥에서 부드러운 솜털까지
차가운 얼음에서 뜨거운 음료까지
피부는 모든 것을 느끼며
많은 것을 알아냅니다.

"나를 쓰다듬고
꽉 안아주세요."
"나는 모두 느낄 수 있어요!"
피부가 말합니다.

손가락으로 모든 표면을 만지며
감각의 이야기가 전개될 때마다,
그 흔적이 남습니다.

느끼고, 듣고, 맛보고, 만지고, 보고,
후각도 잊지 마세요...
여러분의 예민한 감각이
여러분을 잘 보살피고 있어요!

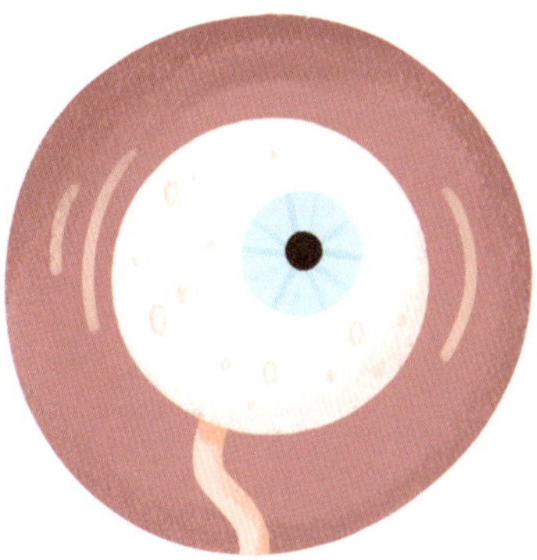

오감에 관한 재미있는 사실

감각은 우리 주변의 세상을 경험하는 방법입니다.
그들은 우리가 소통하고, 공유하고, 삶을 즐기고, 위험에 대해 주의하도록 도와줍니다.

귀는 우리가 들을 수 있게 해줍니다.
우리는 음악을 들을 수 있고
세상의 소리와 노래를 들을 수 있습니다.

눈을 통해 우리는 세상을 볼 수 있습니다.
아름다운의 그림, 재미있는 그림책
자연의 아름다움…

혀는 맛있는 음식을 맛보고
소화를 시작할 수 있다는 것을
의미합니다! 혀는 단맛, 신맛, 매운맛,
쓴맛, 짭짤한 맛, 감칠맛 등
다양한 맛을 감지할 수 있습니다.

코는 좋은 냄새와 나쁜 냄새를
모두 맡는 데 탁월합니다.
후각은 미각에도 도움이 됩니다.

우리의 피부는 수용체로 덮여 있습니다.
피부를 통해 우리는 주변 세상을
느낄 수 있습니다. 피부는 열을 느끼기 때문에,
여러분이 무언가를 만지기에는
너무 뜨거울 수 있다는 경고를 보내줍니다.

손가락은 표면과 온도를
느낄 수 있습니다.
손가락은 점자로 된 책을 읽고
얼굴을 만지며, 또 다른 아름다움을
발견할 수 있습니다.

감각은 함께 세상을 탐험하고 경험하며 우리를 안전하게 지켜줍니다.

우리는 모두 몸을 가지고 있고,
모든 사람들의 몸은
다 멋져요! 그렇죠?

5분 인체 이야기

초판 1 쇄 인쇄 | 2024 년 6 월 10 일
초판 1 쇄 발행 | 2024 년 6 월 24 일
초판 2 쇄 발행 | 2025 년 7 월 15 일

저 자 Gabby Dawnay
일 러 스 트 Mimi Purnell
옮 긴 이 별난고래 학술국
발 행 인 장주연
출 판 기 획 김수진
책 임 편 집 박연주
편 집 디 자 인 최정미
표 지 디 자 인 김재욱
마 케 팅 박예진
발 행 처 별난고래
등록 제 4-139 호 (1991. 6. 24)
본사 (10881) 파주출판단지 경기도 파주시 회동길 338(서패동 474-1)
전화 (031) 943-1888 팩스 (031) 955-9545
홈페이지 | www.koonja.co.kr

* 파본은 교환하여 드립니다 .
* 검인은 역자와의 합의하에 생략합니다 .
* 별난고래는 (주) 군자출판사의 아동도서 전문 출간 브랜드입니다 .

ISBN 979-11-7068-143-4 (77370)
979-11-7068-134-2 (세트)
정가 18,000원